HEYNE

Das Buch

Annie Kagan ist weder ein Medium noch eine Hellseherin noch hat sie andere übersinnliche Fähigkeiten. Und doch hört sie eines Morgens plötzlich die Stimme ihres verstorbenen Bruders: »Annie, Annie! Ich bin's Billy.« Zunächst versucht sie alles als bloße Einbildung abzutun, aber Billys Stimme bleibt beharrlich – nein, sie träume nicht, er sei es wirklich.

Als »Wanderer zwischen den Welten« berichtet Billy seiner Schwester schließlich ausführlich von der geistigen Welt, einer Welt des Lichts, der Farben und himmlischen Töne, in der er von all seinen irdischen Lasten befreit ist. Das ist der Beginn einer über Monate dauernden Nachtod-Kommunikation zwischen Annie Kagan und ihrem Bruder, die ihr Leben vollkommen verändern wird ...

Die Autorin

Annie Kagan war Songwriterin und Künstlerin, bevor sie ihren Doktor in Chiropraktik machte und eine Praxis in Manhattan eröffnete. Als ihr das hektische New Yorker Stadtleben zu viel wurde, zog sie sich nach Long Island zurück und widmete sich dem Schreiben. Mit dem unerwarteten Tod ihres Bruders hat sich ihr gewohntes Leben von Grund auf verändert.

Annie Kagan

Das zweite Leben des Billy Fingers

Bericht aus dem Jenseits:
Wie mein Bruder mir bewies,
dass es nach dem Tod weitergeht

Mit einem Vorwort von Dr. Raymond A. Moody

Aus dem Englischen übersetzt
von Karin Weingart

WILHELM HEYNE VERLAG
MÜNCHEN

Die amerikanische Originalausgabe erschien 2013 unter dem Titel
THE AFTERLIFE OF BILLY FINGERS
bei Hampton Roads Publishing Co., Inc., Charlottesville, USA.

Verlagsgruppe Random House FSC® N001967

5. Auflage
Vollständige Taschenbuchausgabe 01/2016

Copyright © 2013 by Annie Kagan
Copyright © 2014 der deutschsprachigen Ausgabe by Ansata Verlag, München,
in der Verlagsgruppe Random House GmbH,
Neumarkter Straße 28, 81673 München
Copyright © 2016 dieser Ausgabe by Wilhelm Heyne Verlag, München,
in der Verlagsgruppe Random House GmbH
Alle Rechte sind vorbehalten. Printed in Germany
Redaktion: Ralf Lay
Umschlaggestaltung: Guter Punkt, München, unter Verwendung
eines Motivs von © FotoStocker/shutterstock (Schmetterling)
Satz: Schaber Datentechnik, Wels
Druck und Bindung: GGP Media GmbH, Pößneck

ISBN: 978-3-453-70292-9

www.heyne.de

Dies ist eine wahre Geschichte. Einige Namen, Orte und andere Details habe ich verändert, um die Privatsphäre bestimmter Menschen zu schützen. Zeitlich wurden manche Ereignisse gerafft, um einen besseren Erzählfluss zu ermöglichen.

Für S. M.
Ich werde dich immer lieben.

Für meinen Bruder Steve,
den Super Royal Radiant King

Inhalt

Vorwort *von Raymond Moody*   11

ERSTER TEIL
Immer noch Billy

1	Das Erste, was eintritt	17
2	Immer noch Billy	29
3	Die göttliche Natur aller Dinge	39
4	They Can't Take That Away from Me	47
5	Kein Sonnenschein ohne …	51
6	Das Hologramm	57
7	Die Rettungsmission	63
8	Erst die Vergnügungen, dann die Pest	69
9	Billy-Staub	75
10	Vincent	79
11	Weitere Beweise	83

ZWEITER TEIL
Selbst die Seele verändert sich

12	Zum Universum werden	89
13	Zwei Universen, die im Licht aneinander vorüberziehen	95

14	Ich weiß es nicht	99
15	Ein neuer Körper	103
16	Die blau-weiße Kugel	111
17	Quanten	115
18	Die Suprawelt	121
19	Die Sage von der Perle und der Auster	127
20	Das Buch des Lebens	133
21	Seelenstämme	141
22	Patty Malone	145
23	Der Sound des Kosmos	153
24	Der Billy-Karton	157
25	Tex	163
26	Die Gnadenmünze	167
27	Der Strom des Lebens	171
28	Die Heilige Schrift	177
29	Die Bestattung	183

DRITTER TEIL

Von Seele zu Spirit

30	Der Tod der Erinnerungen	193
31	Shvara Lohana	197
32	Die Parade der Seelen	201
33	Der Torbogen	207
34	Die goldene Lotos-Höhle	211
35	Die Brüder des weißen Lichts	217

| Dank | 221 |
| Über die Autorin | 223 |

Vorwort

Viele Leserinnen und Leser wird dieses faszinierende Buch zunächst vielleicht überraschen und irritieren. Schließlich mögen einem die Ereignisse, von denen darin die Rede ist, unglaublich und völlig unrealistisch vorkommen. Deshalb bin ich Dr. Kagan auch so dankbar, dass sie mich gebeten hat, das Vorwort zu schreiben, denn dies gibt mir die Gelegenheit, über eines meiner Lieblingsthemen zu sprechen – die unglaubliche Welt der Philosophen des alten Griechenlands.

Der sogenannte »Durchschnittsbürger« wird sich vermutlich schwertun damit, Dr. Kagans Bericht über ihre Abenteuer mit dem verstorbenen Bruder zu glauben. Das ist schade, denn die griechischen Philosophen, die an der Wiege unseres westlichen Denkens standen, wussten sehr wohl um das bemerkenswerte Phänomen, das sie beschreibt. Ja, sie hatten sogar einen Begriff für Menschen, die sich sowohl in diesem wie auch im nächsten Leben aufhielten. Sie bezeichneten sie als »Wanderer zwischen den Welten«.

Diese Wanderer zwischen den Welten hatten wichtige soziale Funktionen. Sie »wachten über die Lebenden und die Toten«, wie Heraklit es ausdrückte. Eine der Ersten dieser Gestalten war etwa 600 Jahre vor unserer Zeitrechnung Aithalides, von dem es hieß, er könne sich nach Belieben zwischen der materiellen Welt und dem Jenseits bewegen. Im alten Griechenland übernahmen die Wanderer zwischen den Welten eine ähnliche Funktion wie in der modernen westlichen Gesellschaft Menschen, die ein Nahtoderlebnis hatten. Insbesondere waren sie Mittler beziehungsweise Botschafter zwischen dem Reich der Lebenden und dem der Toten.

Ein anderer berühmter Wanderer zwischen den Welten war der Philosoph Menippos von Gadara. Er besuchte die Dimension des Jenseits, kam zurück und schrieb anschließend ein Buch über diese Reise. Menippos war aus dem Jenseits zurückgeschickt worden, um das Leben auf der Erde zu beobachten. Anschließend erstattete er seinen Vorgesetzten in der anderen Welt Bericht über die Fortschritte der Menschheit.

Menippos' Äußeres entsprach seiner Aufgabe. Er trug einen unglaublich langen grauen Bart und einen langen grauen Umhang mit einer scharlachroten Schärpe in der Körpermitte. Zudem hatte er immer einen aus dem Holz einer Esche geschnitzten Stock bei sich. Und der seltsame Hut, den er trug, war mit den Zeichen des Tierkreises verziert. Menippos nahm seine Mission sehr ernst.

Die Erfahrungen, von denen Dr. Kagan berichtet, entsprechen vollkommen der Rolle, welche die Wanderer zwischen den Welten in der Antike innehatten. Für mich ist das nicht überraschend, denn ich glaube, dass derartige Erlebnisse Teil des kollektiven psychischen Erbes der Menschheit sind und keineswegs das Produkt einer bestimmten Kultur.

Ich vermute, dass viele Menschen ähnliche Erfahrungen machen wie Dr. Kagan. Doch stehen die Westler unter dem vollkommen irrigen Eindruck, solche Erlebnisse seien unmöglich – wenn nicht gar pathologisch. Deshalb schweigen die vielen, denen solche Dinge geschehen, darüber – einfach weil sie Angst haben, deshalb falsch beurteilt oder der Lächerlichkeit preisgegeben zu werden. Umso größer ist der Respekt, den ich vor Dr. Kagan habe, weil sie sich getraut hat, dieses Buch zu schreiben.

Im Jahr 2006 leitete ich ein Trauerseminar, an dem unter anderem Hospizmitarbeiterinnen teilnahmen. Eine Geschäftsfrau mittleren Alters, die bei der Organisation beschäftigt war, berichtete von einem Erlebnis, das sie hatte, als sie beinahe ums Leben gekommen wäre. Durch einen Autounfall schwer verletzt, verließ sie ihren Körper. Unmittelbar darauf bemerkte sie am Straßenrand einen alten Mann in einer grauen Robe. Er hatte einen außergewöhnlich langen grauen Bart, einen Stock in der Hand und trug einen merkwürdigen Hut. Die Frau hatte das Gefühl, er sei da, um sie ins Jenseits zu tragen. Wohlgemerkt: In meinem Vortrag hatte ich weder Menippos noch irgendeinen der anderen Wanderer zwischen den Welten erwähnt. Die Frau war ganz spontan, aus reiner Neugier dazu gekommen, von ihrer Erfahrung zu sprechen. Ich vermute, solche Begegnungen wie die von ihr beschriebene gibt es seit Jahrtausenden. Und bestimmt sind es viele, die sie erleben.

Dr. Kagans nachdenklich stimmender Bericht ist ein hervorragendes Beispiel dafür.

Dr. Raymond Moody

ERSTER TEIL

Immer noch Billy

1 Das Erste, was eintritt

Um neun Uhr morgens hinterließ die Polizei vom Miami-Dade County eine Nachricht auf meinem Anrufbeantworter: »Wenn Sie einen William Cohen kennen, setzen Sie sich bitte mit Sergeant Diaz in Verbindung. Er hat die Durchwahl 305 ...«

O nein! Billy muss festgenommen worden sein. Bitte kein Gefängnis. Nicht noch einmal. Nicht mehr in seinem Alter.

Mir wurde immer noch ganz übel, wenn ich an die Zeit vor fast dreißig Jahren dachte, als mein Bruder verhaftet worden war. Das dumpfe Dröhnen des Richterhammers. Die Worte »Fünfundzwanzig Jahre bis lebenslänglich«, meine Mutter, wie sie weinend in meinen Armen liegt und den Richter anfleht, sein Urteil zu revidieren. Der Tag, an dem ich beobachtete, wie Billy in Handschellen gelegt und wegen des Verkaufs von Kokain nach Sing Sing gebracht wurde, war wahrscheinlich der schlimmste meines Lebens.

Mit zitternden Fingern wählte ich die Nummer der Polizei.

»Hier ist die Schwester von William Cohen. Ist er verhaftet worden?«

»Nein«, sagte Sergeant Diaz mit sanfter Stimme. »Er wurde heute früh um zwei Uhr dreißig überfahren. Es tut mir leid, Ihr Bruder ist tot.«

Es wurde kalt in meinem Herzen. Tot? Mir drehte sich der Kopf. *Alles* drehte sich. Ich griff nach einem Stuhl und setzte mich.

»Wie ist es passiert?«

»William kam aus der Notaufnahme des South Miami Hospital. Er war betrunken und rannte auf den Highway«, berichtete der Sergeant.

»Waren Sie vor Ort?«, erkundigte ich mich.

»Nein, Ma'am. Ich wurde zur Unfallstelle gerufen.«

»War Billy verletzt?« *Verletzt? Was denke ich denn da? Er wurde überfahren!* »Ich meine: Ist er ins Krankenhaus gebracht worden?«

»Nein, Ma'am. Er war auf der Stelle tot. Hat nicht leiden müssen.«

War auf der Stelle tot? Hat nicht leiden müssen? Woher um alles in der Welt will der das wissen? Der Sergeant wollte mich trösten, aber das funktionierte nicht.

»William trug ein Identifikationsbändchen der Klinik. Ihren Namen und Ihre Telefonnummer haben wir in seiner Akte gefunden.«

So also sind sie auf mich gekommen! Billy hat mich immer als seine »im Notfall zu verständigende« Person angegeben.

Sergeant Diaz räusperte sich. »Hören Sie, Ma'am. Sie müssen ihn nicht identifizieren. Das Bändchen reicht völlig. Besser, Sie behalten ihn so in Erinnerung, wie er war.«

Ihn besser so in Erinnerung behalten, wie er war? Meine Güte!

Der Sergeant musste wohl gehört haben, dass ich anfing zu weinen, denn das Nächste, was er sagte, war: »Es ist zwar, streng genommen, gegen die Vorschriften, aber wenn Sie mir Ihre Adresse geben, kann ich Ihnen die Sachen, die Ihr Bruder bei sich hatte, gern zuschicken.«

Da ich Billys Leiche nicht identifizieren musste, sah ich keine Notwendigkeit, von New York nach Miami zu fliegen. Als mein Bruder mit zweiundsechzig Jahren verstarb, war er obdachlos, also befand sich sein ganzer Besitz in seinen Hosentaschen. Billy hatte mir alles hübsch sauber und ordentlich hinterlassen – ganz anders als zu Lebzeiten. Das, was ich seit Jahren befürchtet hatte, war eingetreten. Billy war tot.

Ich rief Billys Suchtberater im South Miami Hospital an.

»Billy ist gestern am späten Abend in die Notaufnahme gekommen.« Eddys Stimme klang nervös. »High war er und hat Blut gehustet. Er wollte stationär aufgenommen werden, und als ihm die Schwester erklärte, er müsse stattdessen in die Entgiftung, wurde er aggressiv, schnappte sich einen Stuhl und bedrohte sie damit. Sie rief die Polizei, Billy rannte raus und ... na ja, den Rest kennen Sie ja. Er hat einfach nicht auf seine Höhere Kraft vertraut. Ich bin sehr enttäuscht von ihm.«

Enttäuscht? Billy war tot. Und Eddy sprach von *Enttäuschung*? Wortlos legte ich auf und warf das Telefon quer durch den Raum.

O Gott, Billy ist tot! Mein ganzer Körper schmerzte, als wäre *ich* überfahren worden. Ohne mich auszuziehen, ging ich ins Bett und zog mir die Decke über den Kopf. Da fiel mir das unglaublich Merkwürdige wieder ein, das ich am Vortag getan hatte.

Obwohl ich seit Monaten nicht mehr mit Billy gesprochen hatte, musste ich in der vergangenen Woche geradezu besessen an ihn denken. Das war ungewöhnlich, denn seit der vierten Klasse bestand meine Überlebensstrategie darin zu versuchen, *nicht* an ihn zu denken. Als kleines Mädchen habe ich meinen großen Bruder vergöttert. Aber ich lebte ständig in Angst, dass ihm etwas Schreckliches zustoßen könnte. Billy hatte immerzu Probleme. Ich wusste zwar nicht, was »Probleme« bedeutete, aber als sie größer wurden, schickte man ihn an irgendeinen mysteriösen Ort. Und als es wirklich schlimm wurde, wussten meine Eltern nicht einmal mehr, wo sie ihn suchen sollten.

In der vierten Klasse erklärten sie mir, dass es sich bei den Problemen, die Billy hatte, um etwas handelte, das man »Heroinsucht« nannte. Um mich von meiner Angst zu distanzieren, begann ich, mich in der Kunst der Kaltherzigkeit zu üben.

Und nun, nach all den vielen Jahren und so kaltherzig ich auch sein wollte, konnte ich in der Woche vor seinem Tod einfach nicht aufhören, an Billy zu denken. Allein in einem abgelegenen Häuschen an der Küste von Long Island zu leben und auch zu arbeiten machte die Sache nicht gerade einfacher. Mit meiner Alltagsroutine versuchte ich mich von meiner Angst abzulenken – sechs Uhr morgens aufstehen, die Katzen füttern, meditieren, einen Spaziergang machen, Mittagessen vorbereiten, ins Tonstudio gehen und Songs schreiben.

An meinem Keyboard konnte ich an nichts anderes denken als an Billy. Ich hätte ihn gern angerufen, seine Stimme gehört, ihm irgendwie geholfen. Aber ich wusste nicht, wie ich ihn erreichen konnte. Ein Teil von mir hatte auch Angst davor, ihn zu erreichen. Denn ich war mir sicher, dass es ihm sehr schlecht ging.

Am Tag vor Billys Tod, es war ein bitterkalter Januarmorgen, zog ich mir zwei Pullis sowie eine Daunenjacke über und zwei Wollmützen tief in die Stirn und wagte mich in die nasskalte Luft hinaus. Ich ging über gefrorenes braunes Laub durch den nackten Winterwald und stieg die Holztreppe hinab, die zur Bucht führt. Nie, nie bitte ich Gott um irgendetwas, aber an diesem Morgen schaute ich in den silbern schimmernden Himmel, hob die Hände und stellte mir vor, Billy den Armen des großen Göttlichen zu überantworten. »Bitte kümmert euch um ihn«, flüsterte ich.

Stunden später war Billy tot.

Die nächsten Tage über blieb ich im Bett, unfähig, irgendetwas anderes zu tun, als Tee zu trinken. Wie es heißt, durchläuft die Trauer verschiedene Stadien – Schock, Schuldgefühle, Zorn, Depression. Bei mir aber kollidierten diese Emotionen und brachen alle auf einmal über mich herein.

Meine Freundin Tex kam vorbei, um nach mir zu sehen. »Es ist ganz komisch«, sagte ich zu ihr. »Ich bin nicht direkt traurig, ich fühle mich eher wie eine Woodoopuppe, rundum mit Nadeln gespickt.«

Ich hatte Tex diesen halbseidenen Spitznamen gegeben, weil sie über eins achtzig groß, dunkelhaarig, sehr schmal gebaut war und eine ausgesprochene Vorliebe für Cowboystiefel hatte. Doch obwohl sie so tough wirkte, war sie sehr freundlich und dachte immer erst gründlich nach, bevor sie den Mund aufmachte.

»Ach, Süße«, sagte Tex und nahm meine Hand, »das ist die Trauer.« Sie musste es wissen. Noch als Teenager hatte sie ihren älteren Bruder Pat bei einem Flugzeugabsturz verloren.

Drei Tage nach Billys Tod fegte ein heftiger Sturm über Long Island hinweg. Ich rückte mein Bett vors Fenster und beobachtete, wie der Blizzard die Welt draußen in Aufruhr versetzte. Billy hatte solch ein wildes, turbulentes Wetter geliebt. Und als der Sturm alles verdunkelte, empfand ich eine Art Befriedigung. Der Schnee löschte meine Welt genauso aus, wie es der Tod mit der von Billy getan hatte. Ich war schon immer davon überzeugt, dass nach dem Tod noch etwas kommen musste, aber was dieses Etwas war? Keine Ahnung. Und als der Wind nun vor meinem Fenster heulte, hatte ich keinen Zweifel daran, dass es sich um den Spirit von Billy handelte, der wie üblich viel Getöse machte, sich am

Himmel herumtrieb und versuchte, sich irgendwie zurechtzufinden.

Der Sturm zog weiter, der Wind legte sich. Und ich verbrachte meine Tage hauptsächlich im Bett, weinend. Ansonsten schluckte ich so viel Valium, bis ich zum wandelnden Zombie wurde. Meine langen, dunklen, gewellten Haare waren strähnig und ungekämmt, die Augen zu Schlitzen verquollen, die Haut fahl und blass. Ich sah nicht mehr wie eine Frau um die vierzig aus, sondern wie eine Hundertjährige – und das fand ich völlig in Ordnung, weil jedes Mal, wenn ich mich im Spiegel sah, das Urteil dasselbe war: schuldig.

In den letzten Jahren hatte ich alles getan, was in meiner Macht stand, um Billy zu helfen: Krankenhäuser, Entzugskliniken, Psychiater, Methadonbehandlungen. Nichts hatte angeschlagen. Sein Kampf wurde zu einem schwarzen Loch, das mich mit in sein Chaos hineinsog. Jede zweite Woche bekam ich neue gesundheitliche Beschwerden und suchte einen Arzt nach dem nächsten auf. Schließlich flehte ich Billy an: »Ich kann einfach nicht mehr! Bitte ruf nicht mehr an!« Aber er hielt sich nicht daran. Er konnte es einfach nicht. Wir hörten auf, miteinander zu sprechen, weinten am Telefon nur noch oder schrien uns an. Von einem Tag auf den anderen blieben seine Anrufe dann aus. Und jetzt war er fort.

Nach drei Wochen Elend und Selbstvorwürfen hatte ich Geburtstag. Beim Aufwachen kurz vor Sonnenaufgang hörte ich jemanden oberhalb von mir meinen Namen rufen.

Annie! Annie! Ich bin's! Ich bin's! Billy!

Es war unverkennbar seine tiefe, weiche Stimme. Ich war verblüfft, hatte aber kein bisschen Angst. Im Gegenteil, ich fühlte mich sogar ein wenig getröstet.

»Billy?«, fragte ich noch im Halbschlaf. »Aber das kann nicht sein. Du kannst nicht hier sein. Du bist doch tot. Das ist bestimmt ein Traum.«

Du träumst nicht. Ich bin es wirklich! Steh auf und hol das rote Notizbuch.

Plötzlich war ich hellwach. Das in rotes Leder gebundene Notizbuch, das mir Billy letztes Jahr zum Geburtstag geschenkt hatte, war mir völlig entfallen. Dass er sich die Mühe gemacht hatte, mir ein Geschenk zu schicken, obwohl ihn die Sucht schon fest im Griff hatte, hatte mich damals sehr berührt.

Ich sprang aus dem Bett und fand das rote Notizbuch in einem Fach meines Schlafzimmerschranks. Die Seiten waren leer – mit Ausnahme der ersten, auf der die Worte standen:

*Liebe Annie,
jeder Mensch braucht ein Buch,
das nur ihm persönlich gewidmet ist.
Lies zwischen den Zeilen.
Alles Liebe
Billy*

Wie merkwürdig! Das passte gar nicht zu Billy. *Lies zwischen den Zeilen?* Ich zog mit dem Finger die vertraute Handschrift nach. Dann hörte ich ihn wieder.

Ich bin es wirklich, Annie. Und es geht mir gut, alles ist gut, weil ...

Ich schnappte mir einen Stift und schrieb alles, was er sagte, in meinem roten Notizbuch mit:

Das Erste, was eintritt, ist Glückseligkeit; wenigstens in meinem Fall war es so. Ich weiß aber nicht, ob es bei allen, die sterben, gleich abläuft. Als mich der Wagen erwischt hatte, kam diese Energie und saugte mich direkt aus meinem Körper in höhere Gefilde. »Höher« sagte ich, weil ich das Gefühl hatte aufzusteigen. Und plötzlich waren alle meine Schmerzen verschwunden.

Ich kann mich nicht erinnern, über meinem Körper geschwebt zu sein oder auf ihn herabgeschaut zu haben oder so. Wahrscheinlich hatte ich es ziemlich eilig wegzukommen. Ich habe sofort gewusst, dass ich tot bin, und mich auch nicht dagegen gewehrt, weil ich für alles, was auf mich zukommen konnte, mehr als bereit war.

Dass ich mit irgendeiner bestimmten Geschwindigkeit gereist wäre, habe ich nicht mitbekommen. Ich fühlte mich nur leicht und unbeschwert, als mich diese saugende Bewegung in einen Raum voller dicker silbrig blauer Lichter hochzog. Menschen, die eine Nahtoderfahrung hatten, sprechen oft von einem Tunnel, durch den sie gegangen sind. Ich verwende stattdessen das Wort »Raum«, weil ein Tunnel ja Seitenwände hat; aber egal, in welche Richtung ich auch geschaut habe, da war nichts als Licht, so weit meine Blicke reichten. Vielleicht liegt der Unterschied daran, dass ich nur ein One-way-Ticket hatte und die anderen Hin- und Rückfahrt.

Ich besaß zwar keinen Körper mehr, aber es fühlte sich doch so an, und ich hatte auch das Gefühl, dass er geheilt wurde. Die Lichter in dem Raum durchdrangen mich, und mir ging es besser und besser, während sie mich emporhoben. Dabei heilten sie nicht nur die Wunden, die ich mir bei dem Autounfall zugezogen hatte. Schon in der ersten Sekunde, in der mich die Lichter berührten, löschten sie alles Leid, das ich zu Lebzeiten je hatte: physisch, mental, emotional oder sonst wie.

Bald darauf erschien Daddy an meiner Seite, jung, strahlend und schön wie immer. Er machte Witze und fragte mich, wo ich denn so lange geblieben sei. Daddy zu treffen war wirklich toll, aber ich nehme an, er war nur da, damit ich auf diesem fremden Terrain etwas Bekanntes zu sehen bekam. Ich sage das, weil er bloß auf einem Teil der Reise bei mir war und definitiv nicht die wichtigste Rolle spielte.

Die hatten die silbrigen Lichter und die Partyatmosphäre, die sie verbreiteten. Diese heilenden Lichter fühlten sich irgendwie festlich an, als würden sie mir zujubeln und mich als ihren Sohn zu Hause willkommen heißen.

Wie lange ich den heilenden Raum hochschwebte, kann ich nicht sagen, weil ich kein Zeitgefühl mehr habe. Was ich aber sagen kann, ist, dass dieser Raum eine Art kosmischer Geburtskanal war, der mich in mein neues Leben beförderte.

Ich möchte, dass du weißt, Schatz, dass für mich hier nichts mehr schwer oder grausam ist. Aus dem Raum bin ich direkt in das wunderbare Universum geglitten. Jetzt treibe ich gewichtslos durchs All mit seinen großartigen Sternen und Monden und Galaxien, die überall um mich herum funkeln. Die ganze Atmosphäre ist von einem besänftigenden Summen erfüllt, ganz, als würden Hunderttausende von Stimmen für mich singen; aber sie sind so weit von mir entfernt, dass ich sie kaum hören kann.

Und obwohl mich hier niemand direkt in Empfang nahm, spürte ich eine Göttliche Präsenz, sobald ich den Raum verließ; eine freundliche, liebevolle, wohltuende Präsenz. Und ehrlich, das hat mir vollauf genügt.

Abgesehen von der Göttlichen Präsenz spüre ich auch Wesen um mich herum – du würdest sie wahrscheinlich als Höhere Wesenheiten bezeichnen. Warum ich in der Mehrzahl und nicht im Singular spreche, könnte ich nicht erklären; ich weiß einfach, dass es sich nicht nur um eine handelt. Ich kann sie weder sehen noch hören, aber ich spüre, wie sie sich bewegen, an mir vorbeihuschen und verschiedene Dinge tun, die meine Wenigkeit betreffen. Und ich habe zwar keine Ahnung, was das sein könnte, nehme aber an, hier im All zu treiben ist deshalb nicht beängstigend, sondern euphorisiert mich geradezu, weil sich diese himmlische Crew um mich kümmert.

Ich schaue auf die Erde hinab. Es ist, als wäre ein Loch im Himmel, eine Lücke zwischen unseren zwei Welten, durch die ich hindurchschauen und dich sehen kann. Ich weiß, wie traurig dich mein Tod gemacht hat. Aber was heißt traurig, verzweifelt trifft es besser. Aber der Tod ist nicht so ernst, wie du denkst, Schatz. Bislang finde ich ihn sehr erfreulich. Im Grunde könnte es gar nicht besser sein. Versuch den Tod nicht allzu ernst zu nehmen. Und versuch auch das Leben etwas lockerer zu sehen. Dann hättest du viel mehr Freude. Das ist eines der Geheimnisse des Lebens. Möchtest du noch ein anderes hören? Abschiede sind auch nicht so schlimm, wie sie scheinen, denn wir treffen uns alle wieder.

So plötzlich, wie sie gekommen war, so schnell verklang Billys Stimme auch wieder. Ich saß auf meinem Bett, das rote Notizbuch auf den Knien, die ersten Seiten in meiner Handschrift mit Billys Worten beschrieben. Hatte ich mir seine Stimme nur eingebildet? Vielleicht. Aber wo hätten die Worte sonst herkommen sollen? Meine waren es jedenfalls definitiv nicht.

In der vorderen Einbandklappe fand ich die Postkarte, die mir Billy zusammen mit dem Notizbuch geschickt hatte. Darauf war ein großer orangefarbener Comic-Kater abgebildet, der ein kleines lilafarbenes Katzenbaby im Arm hatte. Der Text darunter verblüffte mich: *Bist du echt oder träume ich dich nur?*

War das alles eine irre traumartige Trauerreaktion? Woher sollte ich das wissen? Konnte ich nicht, und in dem Moment scherte es mich im Grunde auch nicht. Zum ersten Mal seit Billys Tod war ich glücklich ... mehr als glücklich. Billy ging es gut. Und als er beschrieben hatte, wie er selig an den Sternen vorbeitrieb, war die Atmosphäre seiner Welt irgendwie auf mich übergegangen. Auch ich fühlte mich jetzt beinah euphorisch.

Und mit einem Mal hatte ich Hunger. Ich stieg aus dem Bett, ging in die Küche und machte mir einen Tee. Als ich am Tisch saß und Kekse mit Marmelade mümmelte, schlug ich eine Zeitschrift auf. Eine Anzeige für White-Cloud-Toilettenpapier sprang mir entgegen. Im Vordergrund war eine Wolke zu sehen, aus der ein Stückchen herausgeschnitten war, sodass es aussah wie eine Lücke im Himmel. Hatte Billy nicht gesagt, er würde mich durch ein Loch im Himmel sehen? Ich bekam Gänsehaut. Vielleicht war die Anzeige so etwas wie ein Zeichen.

»Das ist doch lächerlich«, sagte ich mir. »Ich bin wohl wirklich ein bisschen verrückt geworden.« Aber ein anderer Teil von mir fragte sich, ob es da nicht doch eine Verbindung gab.

Bist du echt oder träume ich dich nur?

Das war alles sehr merkwürdig – passte aber auch: Billys Erscheinen, das vergessene rote Notizbuch, die Widmung darin, der Text der Postkarte, das Bild von einem Loch im Himmel. Bevor ich Billy gehört hatte, war ich kaum in der Lage gewesen, den Kopf aus den Kissen zu erheben. Und jetzt fühlte ich mich rundum heiter.

War mir Billy nur dieses eine Mal erschienen, um mich wissen zu lassen, dass es ihm gutgeht? Hatte es sich damit schon? Ich hoffte, nicht. Wenn er mich ein zweites Mal besuchte, würde ich bereit sein. Objektiv und hellwach würde ich sein, damit ich herausfinden konnte, ob es ihn wirklich gab. Ich beschloss, von nun an immer einen Stift und das rote Notizbuch bei mir zu haben, um meinen Bruder noch einmal herbeizulocken.

2 Immer noch Billy

Ich nahm mir vor, niemandem von Billy zu erzählen. Als ich zehn Jahre zuvor gelernt hatte, auf das innere Licht zu meditieren, hatte mein Lehrer mich angewiesen, meine spirituellen Erfahrungen für mich zu behalten, damit sie mir nicht abhandenkamen. Und Billy aus dem Jenseits zu hören war doch auch eine spirituelle Erfahrung, oder etwa nicht? Wenn das echt war, wollte ich auf keinen Fall riskieren, es wieder zu verlieren.

Als der Sonnenaufgang fünf Tage nach meinem Geburtstag mein in Weiß gehaltenes Schlafzimmer in schöne Rosatöne hüllte, hörte ich Billys Stimme abermals. Verschlafen griff ich unter dem Kopfkissen nach meinem roten Notizbuch, setzte mich auf und fing an zu schreiben.

Hallo, Prinzessin. Guten Morgen.

Solange Billy noch lebte, meinte er »Prinzessin« nie als Kompliment. Mein Leben schien von Anfang an viel leichter und schöner zu sein als seines. Billy war ein »Sorgenkind« – und ich der »kleine Engel«. Ich sang und tanzte bei Schulaufführungen – er versuchte sich in einer Band, traf aber die Töne nicht. Billy flog von der Highschool – ich war Einser-Schülerin. Je mehr Erfolg ich hatte, desto mieser stand er da – und fühlte sich auch so. Aus lauter schlechtem Gewissen versuchte ich seine Zuneigung zu gewinnen, *das* aber gelang mir nicht.

Nannte mich Billy jetzt »Prinzessin«, weil er immer noch sauer auf mich war? Offenbar nicht. Das Licht, das zusammen mit seiner Stimme erschienen war, erfüllte mich mit einem Gefühl der Liebe.

Mir gefällt die Idee, dass du ein Buch schreibst – beziehungsweise ich. Wahrscheinlich sollte ich mir eine Genehmigung besorgen, aber ich treibe im All, und da ist niemand, den ich daraufhin ansprechen könnte. Das heißt abgesehen von den unsichtbaren Höheren Wesen, über die ich bereits gesprochen habe. Aber deren Wohlwollen will ich mir nicht dadurch verscherzen, dass ich sie allzu früh um einen Gefallen bitte. [Lacht.]

Zu Lebzeiten habe ich nie für irgendetwas eine Genehmigung erbeten. Aber das war auch was anderes. Hier sind die Richtigen an der Macht. Nicht so auf der Erde. Auf eurem Planeten gibt es viel zu wenig Freundlichkeit.

Da, wo du bist, ist es schwer, ständig freundlich zu sein, denn wenn du dir dort keine größere Härte zulegst, gehst du unter. Das Leben da ist brutal. Du stopfst ein Loch, und schon tut sich ein neues auf. Das muss aber so sein, mach dir also keine größeren Gedanken darüber.

Ich hatte mein Leben gelebt, Annie. Ich habe meine Schulden beglichen, aber anders, als man denken würde. Es ging nicht darum, irgendeinen Preis für meine sogenannten Sünden zu zahlen. War eher so ein Lern-Ding.

Woher ich weiß, dass mein Leben nicht die Strafe für meine früheren Verfehlungen war? Na ja, weil es so etwas gar nicht gibt. Man ist nicht auf der Erde, um bestraft zu werden. Um Sünde und Sühne geht es gar nicht. Das ist nur eine Vorstellung der Menschen. Eine Erfindung. Die Menschen reimen sich irgendwas zusammen und glauben es dann.

Natürlich gibt es im Leben viel Schmerz, aber nicht, weil man irgendwas getan und es deshalb verdient hätte. Ich will dir noch ein Geheimnis verraten, Schwesterchen: Schmerz gehört zum Leben des Menschen einfach mit dazu, ist genauso natürlich wie das Atmen, das Augenlicht oder das Blut, das durch die Adern fließt. Und so ist eben auch der Schmerz Teil der Erden-Chose, denk dir also nichts weiter dabei. Wobei ich zugeben muss, dass ich ihn auch nicht gerade toll fand.

Woher ich das alles weiß? Keine Ahnung – ehrlich. Mit einem Mal wusste ich einen ganzen Haufen Sachen, von denen ich zu Lebzeiten keinen Schimmer hatte. Bei der Geburt erleidet man eine Art Gedächtnisverlust. Und eines der wichtigsten Dinge, die man im Leben so treibt, ist der Versuch, sich an all das zu erinnern, was man vergessen hat.

Das Wissen hier ist ein ganz anderes. Hier versteht man dich wirklich, und das ist vielleicht eine Befreiung, sag ich dir! Im Leben kommen viele Probleme daher, dass man nicht verstanden beziehungsweise erkannt wird. Nur manchmal, zum Beispiel, wenn man sich verliebt, erhascht man einen Moment lang die Seele des anderen. Im Unterschied dazu bin ich hier meine Seele. Ich bin immer noch Billy, nur ohne meinen Körper.

Manche Leute, könnte ich mir vorstellen, tun sich schwer damit, keinen Körper mehr zu haben. Bei all dem Quatsch, den sie einem über das Jenseits erzählen, kann einem schon schwummrig werden, denke ich, wenn man plötzlich mitbekommt, dass man tot ist. Bei mir war das nicht so. Ich hab mich kopfüber ins Totsein gestürzt. Und mich sofort hier zu Hause gefühlt.

Ich weiß, Schwesterherz, dass du dich fragst, ob du dir das alles nicht bloß einbildest, ob du dir vielleicht unbewusst etwas vormachst, damit du besser mit meinem Tod klarkommst. Woran du erkennen sollst, dass alles mit rechten Dingen zugeht? Nun, daran, dass ich dir Zeichen – sagen wir ruhig: Beweise – gebe, die dich davon überzeugen werden, dass ich kein Fantasiegespinst bin, sondern wirklich und wahrhaftig dein Bruder, Annie. Ich bin tatsächlich Billy. Du könntest mir übrigens einen Gefallen tun, Miss Greta Garbo. Gib Tex eine Münze.

Solange Billy gesprochen hatte, verstand ich alles, was er sagte. Doch sobald seine Stimme verklungen war, konnte ich mich an kein einziges Wort mehr erinnern. Er hatte mich erneut in einen Zustand der Euphorie versetzt. Der Dialog mit seiner Seele hatte meine eigene geöffnet und die ganze Welt verändert. Objektivität interessierte mich nicht mehr. Billy war zurückgekehrt. Und das war alles, worauf es ankam. Ich legte mich hin, um mich eine Weile auf meinen Atem zu konzentrieren und mich zu erden.

Danach ging ich runter, machte Feuer im Kamin und versuchte mich zu orientieren. Mein Verstand bombardierte mich mit tonnenweise Fragen: War das wirklich geschehen? Warum konnte ich meinen verstorbenen Bruder sprechen hören? Hatte es sich womöglich um eine außerkörperliche Erfahrung von mir gehandelt? Das glaubte ich eigentlich nicht. Ich hatte mich ja nirgendwo hinbegeben. Vielmehr war dieses »Nirgendwo« zu mir gekommen.

Ich schlug mein rotes Notizbuch auf und überflog, was ich mitgeschrieben hatte. Das klang alles sehr nach Billy – nach Billy von seiner besten Seite, weise und charmant. Nach dem nüchternen Billy.

Auch schien es, als hätte er meine Gedanken lesen können. Schließlich wusste er genau, dass ich meine Zweifel an seiner Existenz hatte.

Dass es sich um eine Einbildung von mir gehandelt haben könnte, fand ich plötzlich unlogisch. Eine Einbildung hätte meine Zweifel nicht wahrgenommen. Vielleicht war das Billy-Phänomen so etwas wie ein Phantomempfinden, etwas, von dem man das Gefühl hat, dass es noch existiert, obwohl es in Wirklichkeit gar nicht mehr da ist. Vielleicht hatte ich die Stimme aber auch in meinem Kopf gehört, so wie jemand, der sagt: »Da hab ich direkt die Stimme meines Vaters im Ohr ...«

Nur dass diese Stimme nicht *in* meinem Kopf war, sondern außerhalb. Und sie hatte sich angehört, als wäre sie vom Ende einer langen Treppe gekommen, an deren Fuß ich stand. Die beiden Male, die ich Billy gehört hatte, kam seine Stimme von rechts über mir.

Noch merkwürdiger fand ich, dass er mich gebeten hatte, meiner Freundin Tex eine Münze zu geben. Warum? Woher kannte er überhaupt ihren Namen? Er war Tex nie begegnet. Und jetzt wollte er, dass ich ihr von ihm erzählte. Mein ganzes Leben lang hatte ich immer Dinge für Billy getan, die ich eigentlich nicht tun wollte – hatte meine Eltern angelogen, ihm Geld gegeben, ihn wochenlang in meiner winzigen Wohnung auf der Couch schlafen lassen. Musste ich nun immer noch nach seiner Pfeife tanzen – jetzt, da er tot war?

Bei der Vorstellung, Tex von Billy zu erzählen, verblasste der Zauber seiner Dimension. Und sobald meine gehobene Stimmung verpufft war, schien mir die Alltagswelt noch banaler als sonst. Trotzdem. Etwas Aufregendes war geschehen. Etwas jenseits meines gewohnten, üblichen Lebens.

Drei Jahre zuvor hatte mich eine schlimme Form von Weltschmerz erwischt. Nach annähernd einem Jahrzehnt ernsthaften Meditierens hatte ich mich allzu weit vom normalen Auf und Ab des menschlichen Seins entfernt. Dabei sah mein

Leben, von außen betrachtet, ziemlich gelungen aus: Als Chiropraktikerin hatte ich in New York großen Erfolg, ich war mit einem der Teilhaber einer Rechtsanwaltskanzlei verheiratet und arbeitete als Songwriterin mit einem talentierten Musikproduzenten zusammen. Doch innerhalb weniger Monate ging alles den Bach runter. Steve, mein Mann, war mir plötzlich fremd, bei der Arbeit mit den Patienten bekam ich schlimme Migräneanfälle, und Songs hatte ich auch lang keine mehr verkauft.

Das Einzige, von dem ich mit Sicherheit wusste, dass ich es wollte, war Einsamkeit. Deshalb Billys zweiter Spitzname für mich: Greta Garbo. Mit dem Gefühl, von einer Klippe zu springen, trennte ich mich von meinem Mann, verkaufte meine Praxis, verließ New York und zog in ein altes Haus an der Spitze von Long Island.

Gebraucht kaufte ich das nötige Gerät und schusterte mir ein Tonstudio zusammen. Schon als Teenager hatte ich angefangen, Songs zu schreiben, und hätte einige sogar beinahe an bedeutende Interpreten verkauft. Es war zwar nur eine vage Hoffnung, aber wenn ich mich ganz auf die Musik konzentrierte, dachte ich, würde ich vielleicht davon leben können.

Ein halbes Jahr lebte ich allein mit meinen beiden Katzen an der Gardiner's Bay, nahm Demos von Songs auf, die keiner kaufen wollte, meditierte drei oder vier Stunden am Tag, unternahm lange Spaziergänge am Strand und sah manchmal tagelang keinen anderen Menschen als den Briefträger.

Aber selbst die Einsamkeit kann einem auf die Nerven gehen. Nachdem ich eine Woche lang meinen Schlafanzug nicht mehr ausgezogen hatte und meine Haare aussahen wie vergammelter Salat, schloss ich mich einer Schreibgruppe an. Vielleicht wohnte ja ein Roman in mir. Natürlich rechnete ich nicht damit, über Nacht zur Bestsellerautorin zu werden, aber immerhin kam ich mal aus dem Haus.

So lernte ich Tex kennen, die Leiterin der Schreibgruppe. Sie hatte eine literarisch verfremdete Autobiografie veröffentlicht und einige Episoden für eine beliebte Serie im Kabel-TV geschrieben. Wir mochten einander vom ersten Moment an.

Aber warum hatte Billy gesagt, ich solle ihr eine Münze geben?

Ich griff nach dem wattierten Umschlag, den mir Sergeant Diaz nach Billys Tod geschickt hatte. Er enthielt Billys wenige verbliebene Besitztümer: ein zerfleddertes Adressbuch, eine Schlüsselkarte von einem Ramada Inn, zwei verschmutzte Brillen, ein abgegriffenes Visitenkartenetui aus Leder sowie sieben Dollarscheine und etwas Kleingeld. Sollte das alles sein, was von Billys Leben geblieben war?

Ich legte das Kleingeld auf dem Küchentisch aus. Welche der Münzen sollte ich Tex geben? Einen Vierteldollar, ein Fünf- oder ein Zehncentstück? Während ich noch darüber nachdachte, hörte ich Billys Stimme wieder.

Suche ... meinen ... Wagen.

Das rüttelte mich auf. Diesmal befand ich mich nicht mehr im Bett und schlief noch halb – diesmal saß ich am helllichten Tag mitten in meiner Küche am Tisch. Und die Stimme war auch lauter gewesen – roboterhaft und befehlend. Ich fürchtete mich. Damit kam ich allein nicht mehr klar. Trotz unserer Trennung rief ich Steve an.

»Ich muss dir etwas echt Gruseliges erzählen«, begann ich und atmete einmal tief durch. »Billy hat mit mir gesprochen.«

»Das ist ja 'n Ding! Was sagt er denn?«

»Ich hab's mir aufgeschrieben.« Stille. »Du glaubst doch nicht, dass ich verrückt geworden bin, oder?«

»Nein«, versicherte mir Steve. »Man wird nicht von der einen Minute auf die andere verrückt. Da ist irgendwas. Fax mir die Seiten mal rüber.«

Typisch mein Ex: den Stier immer gleich bei den Hörnern packen.

»Da ist noch etwas«, sagte ich. »Eben saß ich in der Küche. Und ich könnte schwören, dass Billy mich aufgefordert hat, seinen Wagen zu suchen. Aber hatte er überhaupt ein Auto?«

Steve konnte diese Frage beantworten, weil er der Einzige war, der Billy bis zu seinem Tod die Stange gehalten hatte. Was immer mein Bruder brauchte – Geld, Ratschläge, Freundschaft, Mitgefühl –, Steve hatte es ihm gegeben.

»Billy besaß einen alten Mercedes, der ihm auch als Wohnung diente«, berichtete Steve. »Aber eine Woche vor seinem Tod hat er ihn gegen einen Baum gefahren. Jetzt befindet sich die Karre wahrscheinlich auf irgendeinem Autofriedhof in Florida.«

Billy hatte also tatsächlich ein Auto besessen! »Ich ruf gleich noch mal an«, sagte ich Steve und legte auf.

So aufgewühlt ich auch war, ich *musste* wissen, ob Billy noch da war und meine Fragen beantworten würde. Ich schaute zur Decke hoch und sagte laut: »Wo finde ich dein Auto, Billy?«

Mein ... Visiten...karten...etui.

Atemlos holte ich das Etui aus dem wattierten Umschlag und stieß auf die Karte eines Mercedes-Händlers.

Besorg ... die ... Sachen ... aus ... meinem ... Wagen.

»Was für Sachen?« Keine Antwort. »Was denn für Sachen, Billy?«

Er war fort.

Ich versuchte mich zusammenzureißen und rief Hans an, den Mercedes-Händler, dessen Name auf der Karte stand.

Als er bestätigte, dass Billys verbeulte Blechkiste tatsächlich bei ihm stand, wäre ich beinah hintenübergefallen. Entweder war ich plötzlich hellsichtig geworden, oder Billy sprach tatsächlich mit mir. Ich bat Hans, mir Billys Siebensachen zu schicken, und er versprach, sie umgehend zusammenzupacken.

Als ich an den nächsten Tagen morgens aufwachte, flüsterte ich Billys Namen, aber er gab keinen Mucks von sich. In gewisser Hinsicht war ich froh, ihn nicht nach Belieben herbeizitieren zu können. In dieser Angelegenheit hatte *er* den Hut auf. *Er* trug die Verantwortung ... zur Abwechslung einmal.

3   Die göttliche Natur aller Dinge

Ein paar Tage nach Billys Besuch in meiner Küche traf ich Tex in unserer Schreibgruppe. Jeden Mittwochabend von sieben bis neun Uhr saßen wir, ein Häuflein angehender Schriftstellerinnen und Schriftsteller, am großen grauen Kamin in Tex' Wohnzimmer und lasen uns gegenseitig unsere neuen Texte vor. Da die meisten Autoren in spe insgeheim glauben, am nächsten großen Bestseller zu schreiben, fassten wir einander bei der Kritik mit Samthandschuhen an. Doch nach dem Kurs setzten Tex und ich uns immer noch zusammen, um das in den vergangenen beiden Stunden Gehörte gnadenlos zu sezieren. Dabei waren wir nicht brutal, es war einfach ihre Art, mir das Schreiben beizubringen.

Wie immer nach dem Unterricht trank Tex Scotch, während ich an einem Mineralwasser nippte. Als sie ihr zweites Glas geleert hatte, sagte ich: »Soll ich dir mal etwas Unerhörtes erzählen? Stell dir vor: Billy spricht mit mir.«

Sie kniff die Augen halb zu, aber wenigstens lachte sie mich nicht aus.

»Das ist kein Witz. Ich hab alles mitgeschrieben. Oder meinst du, ich bin verrückt geworden?«

»Ach, daran liegt das also«, erwiderte sie. »Seit Billys Tod ging es dir so mies. Aber heute bist du wie ausgewechselt, richtig heiter. Ja, natürlich glaube ich das. Warum denn auch nicht?«

»Billy hat gesagt, ich solle dir eine Münze geben, aber ich habe keine Ahnung, was er damit meinen könnte.«

»Das finde ich toll.« Tex lächelte. »Mir gefällt die Idee, dass er mir etwas schenken möchte.«

Ich zog ein Foto von Billy aus meiner Handtasche und hielt es so hin, dass auch Tex es sehen konnte.

»Dunkel und schön«, sagte sie. »Er sieht so aus, als hätte er ein Geheimnis, von dem niemand etwas weiß. Ich würde sofort mit ihm ausgehen. Ich meine natürlich, ich *wäre* mit ihm ausgegangen …«

So etwas hatte ich schon öfter gehört. Die Frauen waren fasziniert von Billy. Nicht dass er darauf aus gewesen wäre, nein, er war einfach von Natur aus ungewöhnlich charmant.

»Worüber spricht er denn so?«, erkundigte sich Tex.

»Glückseligkeit, Licht und unsichtbare Höhere Wesenheiten.«

»Ich finde, nächste Woche solltest du im Kurs daraus vorlesen«, meinte sie.

»Spinnst du? Ich binde doch keinen fremden Leuten auf die Nase, dass sich mein verstorbener Bruder mit mir unterhält. Und außerdem sollte ich nicht über meine spirituellen Erfahrungen sprechen.«

»Sieh es doch einmal so: Es handelt sich um Billys Erfahrungen und nicht um deine. Du darfst der Gruppe deine Aufzeichnungen keinesfalls vorenthalten«, beharrte Tex. »Du kannst ja so tun, als handele es sich um einen neuen Roman, an dem du arbeitest. Im Mittelpunkt steht ein Billy, der vom Himmel aus zu seiner Schwester spricht.«

»Ich werde darüber nachdenken.«

Vielleicht handelte es sich noch um ein Überbleibsel aus Billys Lebzeiten, aber ich wollte nicht, dass irgendjemand über ihn und seine neuen Umstände urteilte. Obwohl er viel älter war als ich, habe ich meinen Bruder doch immer für das unverstandene Kind gehalten und mich für seine Beschützerin. Aber vielleicht war ja diesmal ich das Kind und er mein Beschützer. So oder so: In meiner Schreibgruppe vorzulesen, was er gesagt hatte, schien mir viel zu riskant. Ich hatte Angst, von den anderen für durchgeknallt gehalten zu werden.

Für Billys nächsten Besuch nahm ich mir vor, ihn zu fragen, ob er etwas dagegen hatte, dass ich im Kurs aus dem roten Notizbuch vorlas. Doch als er mich zwei Tage später vor Sonnenaufgang weckte, verflüchtigte sich diese Frage im Licht seiner Dimension.

Schönen guten Morgen, Schwesterchen.
Obwohl ich keinen Körper mehr habe, fühle ich mich doch immer noch als Individuum. So viel zum Thema »Sich auflösen im Meer der Glückseligkeit«. Aber versteh mich nicht falsch. Diese Glückseligkeitserfahrung ist echt mein Ding – aufgelöst allerdings habe ich mich definitiv nicht.

Was Glückseligkeit ist? Wie Liebe hoch tausend. Aber sie hat nichts mit anderen Menschen zu tun und ist die pure Erfüllung. Auf der Erde braucht man normalerweise einen anderen, der einem einen Grund dafür gibt, Liebe zu empfinden, und dieses Gefühl hat dann meistens ebenso viele Tiefen wie Höhen. Die Glückseligkeit dagegen kennt kein solches Auf und Ab – und man braucht keinen Grund für sie. Sobald die Seele in dieser Dimension dahintreibt, stellt sich auch die Glückseligkeit ein, ganz von selbst.

Die Art von Glückseligkeit, die hier existiert, passt nicht zum menschlichen Körper, weil der bestimmten Gesetzen unterliegt. Ich bin sicher, hier gibt es auch Gesetze, aber die scheinen mir doch sehr milde, lax und zu unserem Vorteil zu sein. Hier herrscht eine Freiheit, wie ihr sie da, wo du bist, gar nicht kennt. Die Erde beziehungsweise die Verhältnisse dort schränken einen an allen Ecken und Enden ein. Hier dagegen scheint es überhaupt keine Begrenzungen zu geben, nur Potenzial.

Das liegt daran, dass Gott oder der Geist oder welches Wort du auch immer verwenden möchtest, unleugbar hier ist, wo ich mich jetzt auch aufhalte. Wenn ich so durchs All schwebe, dann haben die Strahlen, die von den Himmelskörpern ausgehen, die überall um mich herum funkeln ... Also, diese Strahlen haben sozusagen eine Persönlichkeit – bestimmte Eigenschaften, zum Beispiel Weisheit, Freundlichkeit, Mitgefühl und Intelligenz. Manchmal glaube ich, dass diese Lichtstrahlen im Grunde die Super-Gedanken eines Höchsten Wesens sind. Manchmal halte ich sie aber auch für dieses Höchste Wesen selbst. Na ja, so genau weiß ich es nicht.

Einen irdischen Körper zu haben und mit normalmenschlichen Augen zu sehen schränkt die Wahrnehmung dieses Lichts ein. Denn mit deinen Augen kannst du das Licht nicht direkt sehen, sondern nur die Dinge, auf die es fällt. Das Licht selbst bleibt also unsichtbar, genau wie die Seele auch. Das sorgt auf eurem Planeten für ziemlich viel Leid, weil man nur schwer an etwas glauben kann, was man nicht sieht. Das Licht hier macht sichtbar, was auf der Erde unsichtbar ist: die göttliche Natur aller Dinge.

Das beste Heilmittel gegen das Leiden? Ein erleuchtetes Erleben des Ganzen. Was das bedeutet? Es bedeutet, das Unsichtbare im Sichtbaren zu suchen. Du bist nicht nur der Mensch, der sich auf der Erde bewegt. Du hast auch eine Seele. Und um sie geht es bei der spirituellen Suche.

Und noch etwas, Prinzessin: Ich habe dich in der Vergangenheit oft enttäuscht. Aber halte dich damit nicht länger auf. Enttäuschungen sind auch Teil des irdischen Musters. Aber die Dinge ändern sich. Ich weiß, dass du das schon tausendmal gehört hast, aber es ist ein Geheimnis. Die Dinge ändern sich. Wie sehr, das wird dir klar, sobald du gestorben bist. Und dir wird dann auch klar, dass es Dinge gibt, die unsterblich sind, Dinge, die du mitnehmen kannst, aber auch die verändern sich.

Du kennst vielleicht die indische Vorstellung von Maya, der Illusion. Was ist damit gemeint? Sie steht für »vorübergehend«. Das heißt, in unserem Leben ist alles vorübergehend.

Am folgenden Mittwochabend, dem nächsten Treffen meiner Schreibgruppe, war es kalt und stürmisch. Als ich von meinem Auto aus mit dem roten Notizbuch in der Handtasche den Steinweg zu Tex' Haus hochlief, schienen mir die Flutlichter heller, der Mondschein silbriger und die unbelaubten Bäume plastischer zu sein als sonst.

»Das ist der Billy-Effekt«, sagte ich mir. Es war das erste Mal, dass ich diesen Ausdruck benutzte.

Zu sechst nahmen wir auf Tex' grauem Noppensofa Platz beziehungsweise suchten uns einen Stuhl. Ich war an diesem Abend die Erste, die einen Text vorlesen sollte.

»Ich habe mit einem neuen Roman angefangen«, erklärte ich. »Wird euch vielleicht ein bisschen bizarr vorkommen.« Ich zog mein rotes Notizbuch aus der Tasche und las die ersten beiden Einträge von Billy vor.

Als ich fertig war und mich umschaute, nickten mir fast alle beifällig zu. Aber vielleicht wollten sie auch nur nett zu mir sein, alle wussten, dass ich meinen Bruder erst vor Kurzem verloren hatte.

Nur einer der Teilnehmer – J. B. – wich meinem Blick aus. Er würde nicht nett sein, wusste ich. J. B. war kühl, distanziert und immer sehr nüchtern. Darüber hinaus lief zwischen uns ein unausgesprochener Wettbewerb, wer an den Texten des anderen die meisten Schwächen ausmachte.

Tex saß einfach nur da, starrte in ihre Kaffeetasse und wartete ab.

Plötzlich empfand ich einen unwiderstehlichen Drang, den Mund aufzumachen. »In Wahrheit hat mein Bruder ...«, platzte ich heraus, »also, ich weiß auch, dass sich das verrückt anhört. Aber das, was ich euch da eben vorgelesen habe, das hat er tatsächlich selbst gesagt.«

»Dann musst du das auch so schreiben«, sagte Tex.

»Ein Buch mit meinem toten Bruder zusammen? Das wär doch krank!« Ich beeilte mich, meinen Widerstand dagegen zu erklären. »Ihr hier, ihr kennt mich. Aber Außenstehende ... Die Leute werden mich für eine durchgeknallte Irre halten oder, schlimmer noch, für eine Schwindlerin.«

»Seit wann scherst du dich darum, was die Leute von dir denken?«, fragte Tex.

»Das tu ich ja gar nicht. Ich will nur nicht, dass sie es mir kaputt machen.«

»Es gibt einen berühmten brasilianischen Autor aus dem neunzehnten Jahrhundert«, meldete sich J. B. zu Wort. »Er hieß Machado de Assis. Einer seiner Romane trägt den Titel *Die nachträglichen Memoiren des Bras Cubas*. Die Hauptfigur darin ist tot und spricht aus dem Jenseits. Also belass es doch dabei. Tu so, als handele es sich um einen Roman. Die Wahrheit muss nie jemand erfahren.«

Am Abend schlief ich in der Hoffnung ein, dass sich Billy am nächsten Morgen wieder bei mir melden würde. Aber Tage vergingen, ohne dass ich ein Zeichen von ihm erhielt.

Vielleicht war mir meine spirituelle Erfahrung tatsächlich dadurch abhandengekommen, dass ich darüber gesprochen hatte. Warum hatte ich auch auf Tex hören müssen statt auf meinen Meditationslehrer?

Diesmal war ich es, die Billy enttäuscht hatte, und nicht umgekehrt.

4 They Can't Take That Away from Me

Zwei Wochen nachdem ich Billys Botschaften in meiner Schreibgruppe vorgelesen hatte, hatte er Geburtstag. Ich war immer noch ohne Nachricht von ihm und ziemlich traurig. Als ich mitten in der Nacht aufwachte, tat mir der ganze Körper weh.

Billy war bestimmt sauer auf mich, meinte sicher, ich hätte ihn betrogen, unser Geheimnis verraten. Warum hatte ich ihn auch nicht um Erlaubnis gebeten? Meine Güte, wie ich mich anhörte! Zu einer versponnenen Irren war ich geworden, die auf einen Freifahrtschein von ihrem verstorbenen drogensüchtigen Bruder angewiesen war. Zeit, schleunigst wieder auf den Boden der Tatsachen zurückzufinden. Wahrscheinlich hatte ich mir das Ganze ohnehin nur eingebildet.

Dann hörte ich Billy. Er sang.

No, no they can't take that away from me – nein, nein, das können sie mir nicht wegnehmen.

Keine Sorge, Prinzessin. Ich habe zwar die Erde verlassen, aber du hast mich trotzdem nicht verloren, stimmt's? Ich bin jetzt so etwas wie dein Beschützer. Und ich mach dir auch keine Vorwürfe, weil du deine Zweifel an alldem hast. Nur: Wenn es mich gar nicht gibt, warum fühlst du dich dann bei meinem Gesang gleich viel besser? Und das, obwohl ich immer noch nicht die richtigen Töne treffe? [Lacht.]

Ich bringe dir eine Energie mit. Die Energie der Liebe. Keine irdische Liebe. Sie hängt nicht davon ab, was du tust oder wie du aussiehst. Nicht die Art von Liebe, bei der ich dich heute hasse und morgen liebe – wobei es ja meistens umgekehrt ist. Eher so, dass man den anderen gestern geliebt hat und ihn heute hasst, weil er nicht mehr so ist wie am Vortag. Nein, die Liebe, die ich dir mitbringe, ist die, die wir hier kennen.

Wieso? Wahrscheinlich, weil es erlaubt ist. Als Austausch zwischen uns, zwischen verschiedenen Dimensionen. Warum? Vielleicht, weil ich mir so sehr wünsche, dir etwas zu schenken, was du auch annehmen kannst. Du brauchst eine andere Dimension in deinem Leben, Miss Garbo.

Du hast mich herbeigerufen, weil ich heute Geburtstag habe, aber ich bin mitten am Lernen, und das Sprechen fällt mir schwer, obwohl du es dir doch so sehr wünschst – und das tut mir leid. Warum raffst du dich nicht auf und machst einen Spaziergang am Strand? Die salzige Luft, der Schnee im Gesicht. Geh in die Natur, sie wird dir helfen, besser mit den Schwierigkeiten fertigzuwerden, mit denen du zu kämpfen hast. Die Natur ist lichtvoller als alles andere auf eurem Planeten. Und statt zu meditieren, denk an den heilenden Raum, durch den ich unmittelbar nach meinem Tod gegangen bin. Das ist der Teil des Jenseits, mit dem dein Körper im Moment des Sterbens in Kontakt kommt, er ist also gar nicht weit von deiner Welt entfernt. Ich weiß, als ich ihn dir beschrieben habe, hast du ihn ein bisschen gespürt.

Aber jetzt muss ich gehen.

Als es draußen hell wurde, zog ich mir warme Sachen an und ging zum Strand. Gerade als ich ankam, fing es leicht an zu schneien. Das Wasser, der Himmel, das Schreien der Seemöwen und der Tanz der Schneeflocken – all das versetzte mich in freudige Erregung.

Billy war jetzt also mein Beschützer. Mein verkorkster großer Bruder würde mir den Weg zeigen. Er wusste jetzt Dinge über mich, von denen er zu Lebzeiten nichts ahnte. Zum Beispiel, dass ich meditierte. Und wahrscheinlich wusste er auch, dass ich seit seinem Tod damit aufgehört hatte.

Als Billy starb, war ich viel zu kaputt, um in der Ecke meines Schlafzimmers auf meinem gelben Satinkissen zu sitzen. Ich versuchte dann, im Liegen zu meditieren, empfand aber nichts als Schmerz. Schmerz statt Licht. Zum ersten Mal in den letzten zehn Jahren schloss ich die Augen, und nichts geschah. Ich konnte das Licht in mir nicht mehr finden.

Der eiskalte Wind setzte mir so zu, dass ich mich auf den Heimweg machte. Zu Hause legte ich mich aufs Bett, schloss die Augen und versuchte mir vorzustellen, dass ich mich in dem heilenden Raum befand, von dem Billy gesprochen hatte. Bald fühlte ich mich von silbrigem Licht umgeben, das mich bestrahlte wie ein Scheinwerfer. Meine Zellen begannen zu funkeln wie kleine Sterne; das Licht zog diese Sternchen durch meine Schädeldecke hoch und sog sie in sich auf.

Als ich aufstand, hatte ich das Gefühl, in einem Wasserfall aus reiner Energie geduscht zu haben. Statt das Licht in mir zu spüren, war ich jetzt im Licht. In diesem Zustand der Glückseligkeit blieb ich mehrere Stunden lang, trank Tee, saß zum Essen am Kamin, zum Komponieren an meinem Keyboard. Und dabei hatte ich die ganze Zeit die Augen offen. Offen!

Nach dieser Erfahrung mit dem heilenden Raum konnte ich auch wieder meditieren. Stundenlang saß ich in einem abgedunkelten Zimmer und konzentrierte mich auf mein inneres Licht. Wenn man so lang am Stück meditiert, könnte man die Wände hochgehen, es wird unbequem, der Kopf macht einen schier verrückt, und man würde alles geben, um endlich aufhören zu können. Aber man macht weiter und erlebt schließlich einen Durchbruch.

Mit Billys Hilfe hatte ich jetzt auch solche Durchbrüche, aber anders. Mein Bruder, mein verrückter, unberechenbarer, charmanter großer Bruder verriet mir die Geheimnisse des Kosmos. Das war das Überraschendste, was ich je erlebt hatte. Wann mich Billy wieder besuchen würde, wusste ich nicht. Sein Kommen folgte keinem bestimmten Muster, abgesehen davon, dass er die ganz frühen Morgenstunden zu bevorzugen schien.

5   Kein Sonnenschein ohne …

Einige Tage nach Billys Geburtstag erhielt ich einen Anruf von der Versicherung des Autofahrers, der Billy überfahren und getötet hatte. Wie mir der Bursche erklärte, war mein Bruder bei dem Unfall von außen durch die Windschutzscheibe geflogen und dem Fahrer dabei ganz nahe gekommen. Was er danach noch sagte, bekam ich gar nicht mehr richtig mit. Nachdem ich das Gespräch beendet hatte, legte ich den Kopf auf meinen Schreibtisch und fing an zu weinen. Bald drang Billys beruhigende Stimme durch die Zimmerdecke. Ich griff sofort nach dem roten Notizbuch.

Dein Morgen war wohl nicht so schön, was? Tut mir leid. Dass ich mit dem Kopf durch die Windschutzscheibe gedonnert bin, hättest du nicht unbedingt erfahren müssen, Prinzessin.

Aber was für ein Engel, dieser Fahrer! Ein echter Heiliger! Was der alles durchmachen musste, um mich zu erlösen! Und, Schatz, ich musste erlöst werden. Ich wünschte, dass du den Mann finden könntest, um ihm ein Küsschen von mir zu geben.

Und natürlich sind heute auch die Iden des März, der Jahrestag meiner Inhaftierung wegen Drogenhandels. Ich war nie ein großer Dealer, spielte nicht einmal in der mittleren Liga. Ich hab immer nur versucht, so viel Geld zu machen, dass ich meinen eigenen Bedarf stillen konnte. Das Leben eines Drogensüchtigen ist kein Zuckerschlecken, kann ich dir sagen. Ein sehr spezieller Weg, aber nur ein Teil davon.

Mit dem Kopf durch die Windschutzscheibe. Drogen verticken. Ein paar Jahre Knast. Nichts, was einen größer interessieren könnte. Für mich aber war es interessant. Wie weit würde ich mich am Abgrund vorwagen können, bevor ich fiel?

Ich bin dann gefallen, Annie, und besonders gut hat sich das nicht angefühlt. Jedenfalls nicht mehr, als ich sechzig wurde und mein Charme anfing nachzulassen.

Erinnerst du dich an all die Frauen, von denen geliebt und umsorgt zu werden ich auf meinem Weg das Glück hatte? Frauen mögen diese spezielle Kombination, die Kombination aus Engelchen und Bengelchen, Bad Boy und Heiligem. Im Grunde war ich genau das: ein Geist mit reinem Herzen, versengt in den Feuern des Lebens, ein Undercoveragent des Engel-Kommandos, ein dunkler Botschafter des Lichts.

Ich hatte also dieses Engelchen-Bengelchen-Ding am Laufen, und zusätzlich musste ich gerettet werden. Frauen lieben dieses »Seelenretten«. Und okay, ich war ein gut aussehender dunkler Typ mit einer tiefen Stimme als Sahnehäubchen. Ich hatte also genau die richtige Stimme – und fand immer die richtigen Worte. Aber eins muss man sagen: Ich war immer ehrlich.

Wie ich nur so schön und gleichzeitig so schrecklich sein konnte? Offen gestanden: keine Ahnung!

Und wenn du heute Abend zu dem Treffen deiner Schreibgruppe gehst, Annie, tu mir bitte den Gefallen und richte J. B. etwas aus: »There ain't no sunshine without the sun.« Sag ihm das an der Stelle, an der du den Leuten das mit meinem Unfall vorliest.

»Das soll ja wohl ein Witz sein!«, sagte ich laut. »Nie im Leben richte ich J. B. das aus.«

J. B. war der Letzte in der Gruppe, der etwas von meinem toten Bruder hören wollte. Ich machte mich ja schon allein dadurch zum Affen, dass ich Billys Mitteilungen im Kurs vorlas; und jetzt wollte er auch noch, dass ich ausgerechnet dem größten Skeptiker unter den Teilnehmern eine persönliche Botschaft überbrachte. J. B. hatte, da war ich mir sicher, nur deshalb vorgeschlagen, ich solle Billys Text als Roman präsentieren, weil er ihn für genau das hielt: für Fiktion.

»There ain't no sunshine without the sun«? Vielleicht meinte Billy damit die Titelzeile des alten Bill-Withers-Songs *Ain't no sunshine when she's gone.*

There ain't no sunshine without the sun, wiederholte Billy aus dem Nirgendwo.

»Dann kannst du also Gedanken lesen. Toll! Aber ich mach's trotzdem nicht«, gab ich zurück.

Als ich am Abend die Stelle vorgelesen hatte, an der Billy durch die Windschutzscheibe geflogen war, wandte ich mich zu meiner eigenen Überraschung an J. B. und sagte: »Ich weiß, es hört sich völlig verrückt an, aber Billy möchte, dass ich dir eine Botschaft von ihm überbringe: ›There ain't no sunshine without the sun.‹«

Niemand zeigte darauf eine besondere Reaktion, auch J. B. nicht.

Dann war er dran mit Vorlesen. J. B. schrieb derzeit an einem autobiografischen Roman über seine Zeit in Frankreich. Beim Lesen musste er plötzlich heftig schlucken. Und als er anfing, uns von etwas zu erzählen, was keiner der Anwesenden wusste, musste er weinen. Sein kleiner Sohn war von einem Auto überfahren und dabei getötet worden.

Stille legte sich über den Raum. Nach einer Weile las J. B. weiter. Wie die anderen war auch ich zunächst ganz schockiert und traurig. Dann dämmerte es mir. Billy hatte gar nicht die Sonne gemeint *(the sun)*, sondern den Sohn *(the son)*. Es gibt keinen Sonnenschein ohne den Sohn!

Als J. B. das Ende seines Textes erreicht hatte, sagte keiner ein Wort. Und da nach ihm niemand mehr etwas vorlesen sollte, packte er seine Sachen schnell zusammen und ging.

Wie immer blieb ich nach dem Kurs noch, und Tex holte den Scotch.

»Ist das eben wirklich geschehen?«, fragte ich sie.

»Worauf du dich verlassen kannst.«

»Und Billy hat mir sogar eingeschärft, dass ich es unmittelbar im Anschluss an die Stelle mit seinem Unfall sagen soll. Hat das irgendjemand mitbekommen? Das mit dem Autounfall?«

»Ich weiß es nicht, Annie. Ich kann auch für niemand anderen sprechen, aber mir persönlich ist klar, dass Billys Botschaft für J. B. unmöglich Zufall sein kann. Dafür war das Ganze viel zu speziell, viel zu dramatisch. Was J. B. wohl darüber denken mag?«

»Vielleicht wollte Billy ihn auf diese merkwürdige Art wissen lassen, dass die Seele seines Sohnes immer noch am Leben ist.«

Als ich an diesem Abend zu Bett ging, empfand ich eine Mischung aus Aufregung und Angst, wie ein Kind auf der Achterbahn. Das Herz schlug mir bis zum Hals. Etwas Wichtiges war geschehen und durch die Anwesenheit von Zeugen noch verstärkt worden. Bisher hatte ein Teil von mir insgeheim immer noch daran gezweifelt, dass ich mich wirklich mit Billy unterhielt. Die Skeptikerin in mir war sich nach wie vor nicht sicher gewesen, ob mir mein Unbewusstes nicht vielleicht doch einen Streich spielte, damit ich besser mit der Trauer um meinen Bruder klarkam, und mir Billy nur vorgaukelte. Aber das, was da jetzt in meiner Schreibgruppe passiert war, konnte man nun beim besten Willen nicht mehr als Zufall abtun.

Als ich am nächsten Morgen mit einer geschwollenen Backe und unerträglichen Zahnschmerzen aufwachte, bekam ich es mit der Angst zu tun. Warum hatte ich J. B. auch unbedingt diese Nachricht überbringen müssen? Hatte ich damit womöglich irgendeine Grenze zwischen den Lebenden und den Toten überschritten? Die Zahnschmerzen waren vielleicht die Strafe dafür. Und eine Warnung, keinen Schritt weiter zu gehen.

Warum überhaupt sollte ich irgendetwas tun, was Billy mir aufgetragen hatte? Zu Lebzeiten war er in Sachen riskantes Verhalten nicht gerade eine Autorität gewesen. Sollte er im Jenseits etwa noch genauso gefährlich sein? Aber im Grunde wusste ich ja, dass mich Billy liebte und nie etwas tun würde, was mir schaden könnte. Oder etwa doch?

6   Das Hologramm

Nach den Zahnschmerzen und einer qualvollen Wurzelbehandlung mit anschließender heftiger Entzündung war ich ziemlich verstört. Ich brauchte Antworten. Jeden Morgen wartete ich auf Billy, um eine Erklärung von ihm zu verlangen, doch ich hörte nichts von ihm. Er war weg. Ich konnte es kaum fassen: Erst manövrierte er mich in diese irre Sache mit J. B. hinein, und dann verschwand er einfach. Aber das war typisch Billy. Genau wie früher.

Seine Botschaft für J. B. hatte mich davon überzeugt, dass ich mir die Mitteilungen meines Bruders nicht bloß einbildete. Aber wer war ich denn schon, dass ich mir anmaßte, die Existenz des Jenseits beweisen zu können? Manche Geheimnisse sollten vielleicht gar nicht gelüftet werden. Womöglich brach ich sogar ein heiliges Tabu, indem ich in einer Art kosmischen Büchse der Pandora herumdilettierte.

Wegen meiner Zahnschmerzen hatte ich das nächste Kurstreffen verpasst und war froh, als Tex mir sagte, Billys Botschaft sei nicht angesprochen worden. Statt das rote Notizbuch weiterhin immer bei mir zu haben, legte ich es in eine Schublade meines Nachttischs. Billy ließ erst knapp einen Monat später wieder von sich hören, Anfang April.

Guten Morgen. Ich hab dich nicht verlassen, Annie. Ich sag es wirklich nicht gern, aber du bist nicht die Einzige auf mei-

nem Terminplan, Prinzessin. Deine Zahnschmerzen haben dir also Angst gemacht. Nein, Schatz. Die hatten nichts damit zu tun, dass du mit mir sprichst. Die Göttlichen Kräfte bestrafen dich nicht dafür, dass du darüber schreibst, was nach dem Tod geschieht. Ich hab es dir ja schon einmal gesagt: Solch eine Bestrafung gibt es nicht. Hör also nicht damit auf, unser Buch zu schreiben, nur weil du Zahnschmerzen hast.

Du bist so feinfühlig. Das ist auch einer der Gründe, warum diese Gespräche zwischen uns möglich sind. Schon als Kind warst du sehr sensibel, hattest immer ganz viel Angst. Aber ... na ja, wenn ich mich als großen Bruder gehabt hätte, wäre es mir wahrscheinlich auch nicht anders gegangen. Dann hätte ich auch Angst gehabt. [Lacht.]

Nach unserer letzten Begegnung bin ich durchs Universum getrieben und habe den Anblick genossen, als mich plötzlich ein kosmischer Wind umkreiste wie ein langsamer Tornado. Dieser Wind war wohl von einer Art magnetischer Kraft, denn an seinen Rändern sammelten sich weiße Kristalle wie Schneeflocken auf der Windschutzscheibe eines Autos. Als das Kreisen aufhörte, hatten die Kristalle einen Ring um mich gebildet. Der schien etwa dreißig Meter Durchmesser zu haben. Ich sage »schien«, weil es unmöglich ist, die tatsächliche Entfernung abzuschätzen. Genauso gut könnte es sich um Lichtjahre gehandelt haben.

Dann war es so, als würde jemand den »Ein«-Knopf eines kosmischen Projektors drücken, und der Ring wurde zu einem 360-Grad-Film, der auch jetzt noch läuft.

Was ich sehe, unterscheidet sich allerdings grundlegend von allen Filmen, die ich mir je im Kino reingezogen habe. Zunächst einmal, weil ich mitten im Universum schwebe, und dann, weil der ganze Film auf einmal zu sehen ist und es sich bei den einzelnen Bildern um Hologramme handelt.

Unzählige multidimensionale natur- und lebensechte Bilder umgeben mich: ein Baby, das in seiner Krippe liegt und schreit; ein sechsjähriger dunkelhaariger Lockenkopf, der von Dach zu Dach springt, während ihm seine Mutter vom Bürgersteig aus irgendetwas zuruft; ein Teenager in schwarzen Jeans mit abgebundenem Oberarm; ein Anzugtyp, der in einer der Hochzeitskapellen von Las Vegas eine umwerfende Blondine küsst. Ich brauche nicht lange, um zu erkennen, dass ich der Star in diesem Film bin.

Zu Lebzeiten haben wir alle etwas in uns, eine Art kosmischen Computerchip, der alle Erfahrungen speichert, die wir machen. Und jetzt im Moment sehe ich mein ganzes Leben von der Geburt bis zum Tod. Ich gucke hierhin, gucke dorthin, spule vor und zurück, zoome mich an etwas heran und wähle dann einen anderen Fokus. Ich sehe die Wege, die ich gegangen, und auch die, die ich nicht gegangen bin. Ich sehe, wo meine Begabungen lagen, und auch die Dinge, die ich hätte besser machen können. Ich betrachte das alles aber weder unter moralischen Gesichtspunkten noch irgendwie beurteilend, finde es einfach nur interessant.

Eine Eigenschaft dieses Hologramms gefällt mir besonders. Man denkt ja oft: »Was wäre gewesen, wenn ...« Als ich noch am Leben war, fragte ich mich zum Beispiel oft, was wohl gewesen wäre, wenn ich meine erste Liebe geheiratet hätte. Oder wenn ich in der Schule besser gewesen wäre.

Und weißt du, was? Mein Hologramm ist erweiterungsfähig. Ich kann diese »Was-wäre-gewesen-wenn«-Situationen ausleben, all die verschiedenen Pfade beschreiten, die ich zu Lebzeiten nicht gegangen bin, und schauen, was dabei herausgekommen wäre. Und was überraschend ist: Keine der Möglichkeiten scheint wertiger zu sein als die anderen. Ich ziehe keine vor. Sie sind alle faszinierend, und ich bereue nichts.

Das hört sich komisch an, ich weiß. Vieles von dem, was ich getan habe, würden die meisten Leute wohl für Fehler halten, große Fehler. Aber so, wie ich es jetzt sehe, hatte ich ein wunderbares Leben. Es war alles super, auch die schweren Zeiten.

Solange ich noch am Leben war, habe ich das natürlich nicht so gesehen. Aber von meinem neuen Standpunkt aus fallen alle Schwierigkeiten, alle Kämpfe weg. Das liegt daran, dass ich zwar genau weiß, dass der auf dem kosmischen Bildschirm da ich bin, aber trotzdem aus der Ferne zuschaue, sodass all die Aufs und Abs, die ganzen Dramen wirken, als würden sie jemand anderem widerfahren.

Es ist schon komisch. Man sagt doch immer, nach dem Tod käme das Jüngste Gericht, aber in Wirklichkeit ist es genau umgekehrt. Und ein Jüngstes Gericht gibt es überhaupt nicht. Mein Leben im Überblick zu sehen wurde deshalb zu einer so erfreulichen Erfahrung, weil ich mich und alles, was ich getan habe, jetzt total akzeptieren kann. Es wäre nett gewesen, wenn mir das auch zu Lebzeiten schon möglich gewesen wäre, aber da war ich vermutlich noch nicht so weit. Um so weit zu kommen, müsste man schon ein Buddha sein.

Jetzt sieht alles so viel besser aus als damals. Es ist, als wäre ich auf Droge, allerdings auf keiner, die ich je genommen habe. Nein, sie ist sehr rein und viel wunderbarer und völlig ohne Nebenwirkungen. He, und illegal ist sie auch nicht. [Lacht.]

Ich glaube aber, dass es sich bei der vermeintlichen Droge in Wahrheit um die Göttliche Präsenz nebst ihren engsten Verwandten handelt, diesen Höheren Wesen. Warum ich das sage? Weil ich im Moment nicht mehr den geringsten Zweifel daran habe, dass es hier in der Atmosphäre, von der ich umgeben bin, Wesenheiten gibt, weise, freundliche, extrem hoch entwickelte Wesen, in deren liebevoller Obhut ich mich jetzt befinde. Und vergiss nicht: Wenn du an die Liebe denkst, dann tust du das immer nur mit deinem menschlichen Verstand. Und der kann sich die unglaubliche Liebe, die hier existiert, nicht einmal annähernd ausmalen.

Ich nehme an: Sobald du echte Liebe empfängst, wenn dich also jemand bedingungslos liebt, dann empfindest du genau diese Liebe wahrscheinlich auch dir selbst gegenüber. Bedingungslos.

Während Billy sprach, wurde ich wieder in das Licht und die Energie seiner Welt hineingezogen und vergaß darüber alle meine Sorgen.

Stunden später, als die Wirkung nachließ, fiel es mir zunächst schwer, mich im Klein-Klein des Alltags zurechtzufinden. Wie ein Astronaut, der im All gewesen war, musste ich mich erst wieder an die Schwerkraft gewöhnen. Der Sog des Irdischen zog mich runter. Ich fühlte mich wie ein Alien, der nicht für diese Welt gemacht war.

Als ich mich am Nachmittag in der Küche aufhielt, wisperte Billy mir zu: *Her mit dem Geld.*

Mittlerweile hatte er herausgefunden, dass er mich mitten am Tag weniger erschreckte, wenn er flüsterte.

Ruf Tex an und sag ihr: »Her mit dem Geld.«

Ich nahm an, dass mein Bruder damit die mir immer noch unbekannte Münze meinte, die ich ihr geben sollte.

»Tex«, sagte ich, sobald sie ans Telefon ging, »Billy möchte, dass ich dir etwas ausrichte, und zwar: ›Her mit dem Geld.‹ Sagt dir das irgendwas?«

Sie schwieg einen Moment und lachte dann.

»Ich bin heute Morgen mit den Hunden am Meer gewesen und habe dabei an Billy gedacht.« Nach einer Weile fügte Tex hinzu: »Offen gestanden habe ich ihn sogar angesprochen. Was ich genau gesagt habe, möchte ich lieber für mich behalten, aber ich habe ihn um ein Zeichen gebeten. Eigentlich wollte ich dir nicht einmal das verraten.«

Tex zog an ihrer Zigarette.

»Als ich wieder zu Hause war, duschte ich und dann ... na ja, dann ...«

»Ja?«

»Na, ich dachte an meinen Roman, tanzte vor dem Spiegel herum, mit nichts als einem Handtuch bedeckt, und rief immer wieder: ›Her mit dem Geld. Her mit dem Geld.‹«

Tex lachte, ich aber war eher verwirrt als amüsiert. Jetzt ging es nicht mehr nur darum, dass ich Billys Stimme hörte, was an sich schon seltsam genug war. Billys Gespräche mit mir waren das eine, jetzt aber fing er an, auch andere in seine Welt hineinzuziehen – Tex, J.B. und meine Schreibgruppe. Aber warum?

7   Die Rettungsmission

Als mich Billy ein paar Tage später weckte, sprach er so schnell, dass ich mit dem Schreiben kaum nachkam. »Einen Moment bitte«, sagte ich laut und legte das rote Notizbuch beiseite. »So schnell kann ich nicht schreiben. Ich brauche den Computer.«

Mein Rechner steht auf einem Schreibtisch vor Schiebetüren aus Glas, durch die ich Baumwipfel und jede Menge Himmel sehe. Nun, da ich an einem Plätzchen mit viel natürlichem Licht saß, fühlte sich die Stimme meines Bruders noch magischer an. Ich konnte durch die kahlen Zweige in den Himmel schauen, die Richtung, aus der sie kam, und beobachten, wie der Billy-Effekt die Welt lichter machte.

Guten Morgen, Liebes. Lass uns über die Geschichte sprechen, die uns hierhergeführt hat. Ich muss nur den Teil meines Hologramms heranzoomen. Keine Sorge. Ich weiß schon, dass die Rettungsmission ein Albtraum war, aber ich werde mir Mühe geben, es unterhaltsam zu gestalten.

Also. Alles fing damit an, dass ich verschwunden bin. Wann war das noch mal? Vor fünf Jahren vielleicht? Ich bin nach Margarita Island, jenes Juwel in der Krone Venezuelas, um dort ein Geschäft mit Sportwetten aufzuziehen. Und aus Billy Cohen wurde Billy Fingers. Den Namen habe ich als Reminiszenz an den Unfall gewählt, den ich mit sechzehn in der

Eheringfabrik hatte und bei dem ich das oberste Glied von einem meiner Finger verlor. Du erinnerst dich ja vielleicht noch, dass das mein erster Ausflug in die Welt der Betäubungsmittel war.

Wie dem auch sei, vor fünf Jahren hatte Billy Cohen die Nase voll davon, sich als Taxi fahrendes, Ex-Junkie-Maskottchen der wohlhabenden Entourage seiner Designer-Gattin zu fühlen. Ohne genauere Pläne verließ er seine bildhübsche Frau mitsamt ihrem Millionen-Apartment in der Upper East Side Manhattans und haute nach Venezuela ab, um Billy Fingers zu werden. Tatsächlich, ich bin von zu Hause weggerannt wie als kleiner Junge schon.

Mommy hat mich seinerzeit zwar immer aus allem rausgehauen, trotzdem war unsere Beziehung schon vom Tage meiner Geburt an schwierig. So ist das eben mit den Menschen: Sie haben nie nur eine Seite.

Im Grunde fing die ganze Nummer zwischen Mommy und mir sogar schon vor meiner Geburt an. Ganz am Anfang ihrer Schwangerschaft bekam sie Blutungen. Und die waren so stark, dass sie auf die Idee kam, ich würde versuchen, sie von innen her zu töten. So entstand diese Kill-das-Baby-bevor-es-dich-umbringt-Haltung von ihr.

Die Ärzte verordneten strengste Bettruhe und gaben ihr Beruhigungsspritzen. Zu der Zeit wusste man noch nicht, dass es keine so gute Idee ist, Schwangeren Morphin zu geben, weil es bei den ungeborenen Babys Begehrlichkeiten weckt. Man könnte also sagen, dass ich schon im Mutterleib auf Droge war.

Jedenfalls floh ich dann also an die Gestade der tropischen Insel – mit dem Ziel, auf Margarita schnellstens stinksteinreich zu werden. Aber ganz so wie geplant lief es dann nicht.

Jetzt erst, da ich tot bin, kann ich das ganze Drama erfassen, das zu dieser Rettungsmission geführt hat. Ich sehe dich am Strand in der Nähe deines Hauses. Es war im Juni, drei Jahre nach meinem Verschwinden. Du saßt auf einer Decke, schautest aufs Meer hinaus und fragtest dich, was wohl aus mir geworden sein mochte. Aber du dachtest auch: »Vielleicht ist es sogar besser, wenn ich es nicht weiß.«

Dann hast du die Augen geschlossen und hattest eine Art Traum. In diesem Traum sahst du mich am Horizont entlangtrotten, ganz langsam und müde. Aus meinem kaputten alten Körper erhob sich mein Geist, groß und prächtig. Du hattest einen Suchscheinwerfer in der Hand und richtetest seinen Lichtstrahl aufs Meer, um mich am Leben zu erhalten. Es war einer dieser Träume, die einem total real vorkommen. Jetzt, da ich tot bin, kann ich das alles sehen.

So ist es übrigens immer: Sobald man gestorben ist und sich sein Hologramm anschaut, erkennt man alles – wer einen geliebt oder gehasst hat, wer was für einen getan hat und wie die Leute sich verhalten haben, sobald man ihnen den Rücken zugekehrt hat. Ich habe es dir ja schon einmal gesagt: Nach dem Tod verbringt man viel Zeit damit, sich sein Leben auf Erden noch einmal anzuschauen. Sorg also dafür, dass du es möglichst interessant gestaltest.

Und noch ein Geheimnis, Schwesterherz: Es gibt keinen richtigen Ausgang der Dinge. Manchmal ist ein Ende tatsächlich happy, manchmal weniger. Aber es geht nicht nur um glücklich oder nicht. Es geht vielmehr um die Musik. Im Leben der meisten Menschen gibt es viel zu wenig Musik. Ich allerdings habe es gut erwischt: Mein Leben war eine richtige Rock-Oper.

Was ich tat, nachdem du im Traum diesen Lichtstrahl auf deinen kranken, alten, zugedröhnten Bruder gerichtet hattest?

Am nächsten Tag rief ich Mommy an. Und obwohl ich seit Jahren als vermisst galt, brachte sie es in ihrer unnachahmlich fürsorglichen Art fertig, mir zu sagen, dass ich sie nie wieder anrufen solle, und legte auf. Tja, Mommy hatte schon immer einen ganz speziellen Umgang mit mir. Es fühlte sich alles genau an wie früher.

Jetzt, da ich tot bin, weiß ich auch, dass sie sich sofort mit dir in Verbindung gesetzt hat, ganz hysterisch vor schlechtem Gewissen, um dir zu sagen, wie mies sie sich mir gegenüber am Telefon verhalten hatte. Ich habe Mommy das Leben ganz schön schwer gemacht, das ist mal sicher. In meiner Verzweiflung habe ich mich in der darauffolgenden Woche noch einmal bei ihr gemeldet, und da hat sie mir dann deine Nummer gegeben.

Gott sei Dank! Mein Schwesterchen war noch bereit, mit mir zu sprechen, gern sogar. Dieses schlaue, hübsche, braunhaarige kleine Mädchen im rosa Tutu, das sang und tanzte und immer nur Einsen nach Hause brachte, während ihr Bruder, Billy the Kid, die Schulcafeteria in Brand setzte.

Nach all den Jahren warst du überglücklich, meine Stimme am Telefon zu hören, obwohl ich zugedröhnt war, heulte und mich alles juckte. In der Hölle war ich schon, und von nun an würde es immer weiter bergab gehen. Wenn ich Margarita Island nicht sofort verließ, würde ich im Knast oder in der Klapse landen und nie wieder rauskommen.

Telegrafisch hast du mir Geld für den Rückflug überwiesen, aber ich habe es für andere Dinge ausgegeben.

Ich wollte da wirklich raus, aber irgendwie habe ich es nicht fertiggebracht, mich wie ein normaler Mensch zu verhalten und einfach in ein Flugzeug zu steigen. Alle Welt hat dir gesagt, ich würde es mir gutgehen lassen, aber du hast schon vermutet, dass da etwas viel Ernsteres im Gange war.

Ich war überhaupt nicht glücklich, als Billy anfing, über die Rettungsmission zu sprechen. Er mochte das Ganze ja aus seiner neuen erleuchteten Nach-Tod-Perspektive heraus betrachten, für mich aber war die Erinnerung immer noch schmerzlich.

Vor zwei Jahren, als mein Bruder dabei war, auf Margarita vor die Hunde zu gehen, lag ich im Zustand eines Billy-bedingten Unwohlseins auf dem Bett. Ich konnte mich auf nichts anderes mehr konzentrieren, wartete immer nur auf seinen nächsten Anruf. Manchmal meldete er sich alle paar Tage, manchmal auch täglich. Und jedes Mal ging es ihm schlechter.

»Annie, ich sterbe. Es juckt mich zu Tode. Ich habe Angstattacken. Du musst mich hier rausholen.«

»Wie soll das gehen, wenn du mir nicht einmal sagen willst, wo du bist, Billy?«

»Ich weiß nicht, wo ich bin. Ich weiß nur, dass es mich überall juckt. Bitte lass mich nicht so sterben!«

Ich fragte verschiedene Experten um Rat – eine Psychotherapeutin, einen Suchtberater, Leute von den Anonymen Alkoholikern. Übereinstimmend sagten alle, dass Billy mich manipuliere, um an Geld für Drogen heranzukommen. Wenn er wollte, würde er schon nach Hause kommen.

Dann träumte mir, mein Vater sei aus dem Himmel herabgestiegen und grabe ein sargförmiges Loch in die Erde. Er ließ den Spaten fallen, wandte sich mir zu und schüttelte besorgt den Kopf. Sein Gesicht war voll Trauer, und es schien, als wolle er mich vor etwas wirklich Düsterem warnen, etwas, das schlimmer war als der Tod. Als ich schweißüberströmt aus dem Traum aufschreckte, wusste ich, dass es Billys Grab war, das mein Vater ausgehoben hatte. Ich musste meinen Bruder von der Insel runterschaffen. Sofort!

8 Erst die Vergnügungen, dann die Pest

An die Rettungsmission zu denken machte mich unruhig. In der Nacht schreckte ich immer wieder aus verrückten Träumen auf, genau wie zu der Zeit, als Billy auf der Isla Margarita in der Falle saß.

Am nächsten Morgen fuhr ich zu Starbucks und trank einen doppelten Espresso. Die Sonne lachte und es roch schon ganz leicht nach Frühling. Auf der Rückfahrt schien das Blau des Himmels plötzlich an einer Stelle heller zu werden. Dann hörte ich Billys Stimme durch die Windschutzscheibe. Sie kam direkt aus der hellen Stelle am Himmel.

Ruf Tex an und sag ihr, sie soll grünen Tee trinken.

Es war das erste Mal, dass Billy außerhalb meines Hauses zu mir gesprochen hatte. Es hätte mir vielleicht Angst gemacht – wäre da nicht ein Licht gewesen, das aus diesem hellen Fleckchen am Himmel auf mich herabschien und das den nun schon vertrauten berauschenden Effekt auf mich hatte.

Sofort Tex anrufen. Grünen Tee trinken.

Ich erreichte meine Freundin auf dem Handy.

»Billy hat mir soeben eine weitere Botschaft für dich übermittelt: grünen Tee trinken.«

Tex' Japsen war unüberhörbar.

»Ich komme gerade von meinem Akupunkteur. Er meinte, ich müsse unbedingt aufhören mit dem Kaffeetrinken. Aber du weißt ja: Ich und Kaffee ... Und genau in dem Moment, in dem das Handy klingelte, habe ich darüber nachgedacht, was ich wohl stattdessen trinken könnte.«

Nachdem wir aufgelegt hatten, fiel es mir wie Schuppen von den Augen: Billys kryptische Botschaften – »Kein Sonnenschein ohne den Sohn«, »Her mit dem Geld« und jetzt »Grünen Tee trinken« – waren die »Beweise«, die mir mein Bruder versprochen hatte. Mit diesen unerklärlichen Vorfällen wollte er mich von seiner Existenz überzeugen.

Als ich wieder zu Hause war, setzte ich mich sofort an den Computer und guckte durch die Glastüren in den Himmel.

»Also gut, Billy, ich habe verstanden. Es gibt dich wirklich. Aber kannst du mir vielleicht erklären, wie du diese Beweise hingekriegt hast?«

Wie immer hatte ich auch diesmal keinerlei Einfluss auf das, was Billy sagte.

Hallo, Schwesterherz. Um die Wahrheit zu sagen: Wäre da nicht dieses scheußliche Jucken gewesen, ich hätte dich nie von Margarita aus angerufen. Dafür ging es mir auf der Insel viel zu gut, bis dahin jedenfalls.

Zu der Zeit habe ich als Geldeintreiber ordentlich Kohle gemacht. In einer der härtesten Enklaven von Margarita Island hat Bill Cohen, ein jüdischer Junge aus Brooklyn, Typen dazu gebracht, ihre Spielschulden zu begleichen. Kaum zu glauben, was?

Wir sollen es auf Erden mit allem Möglichen zu tun bekommen – Dingen, die vom menschlichen Standpunkt aus betrachtet keinen Sinn ergeben. Man sollte also immer erst nachdenken, bevor man seine Mitmenschen allzu hart beurteilt. Über mich haben viele Leute den Stab gebrochen; dabei musste ich mich mit Lebensumständen herumschlagen, die zu erkunden ich mich schon vor meiner Geburt verpflichtet hatte.

Ich lebte mit der süßen, blutjungen Elena zusammen. Sie war vielleicht zwanzig und ich – bald dreimal so alt. Und diese süße Elena nun nahm mich unter ihre flaumweichen Flügelchen.

Alkohol mochte ich nie besonders, aber an dem Punkt hatte ich nicht mehr genug Geld für Drogen. Also trank ich, was das Zeug hielt; das Weiße in meinen Augen wurde gelb, meine Zähne vergammelten. Die Konventionen waren mir schnuppe, genau wie die Zukunft oder irgendwelche Konsequenzen.

Erst kamen die Vergnügungen, dann die Pest. Übelkeit, Angstanfälle, Haarausfall. Und schließlich das Allerbeste: das Jucken. Ohne dass ich es wusste, hatten Krätzemilben es sich unter meiner Haut gemütlich gemacht. Ich war von dem ständigen Saufen so bedröhnt, dass ich das Jucken erst nach einer Weile bemerkte. Und zu dem Zeitpunkt hatten sich die Parasiten schon so tief in mir eingegraben, dass der Arzt sie nicht mehr diagnostizieren konnte. Sie wanderten von einer Körperstelle zur nächsten, krabbelten und krabbelten ihr ganz eigenes Tänzchen.

In all den Jahren habe ich nie etwas so Brutales erlebt wie diese Viecher. Gottesviecher oder Teufelsviecher? Gut oder böse? Oder kommt beides aufs Gleiche raus? Ich kann es nicht sagen. Aber eins ist mir klar: Ohne dieses elende Jucken hätte ich nie zu Hause angerufen. Und noch etwas weiß ich heute: Wäre ich auf Margarita geblieben, hätte die Unterwelt ein paar ganz besondere Leckerchen für mich parat gehabt, ganz persönliche Designerbonbons, wie ich sie nie zuvor gesehen hatte. Den Großteil meines Lebens bin ich immer gerade noch einmal davongekommen. Für andere Leute sah es wohl oft so aus, als würde es bei mir nicht so super laufen, aber für mich war es ein interessantes Abenteuer. Doch wie gesagt: Ich hatte mich dazu verpflichtet.

Das, worauf ich mich dann in Venezuela eingelassen habe, war eine ganz andere Geschichte. Da hätte mich die Dunkelheit beinah eingeholt.

Und es waren nur deine Liebe und deine Entschiedenheit, die mich vor diesem Schicksal bewahrt haben. Viele Leute hatten damals eine ganz klare Meinung über deine Versuche, mir das Leben zu retten. Was haben sie dir nicht alles für Rollen zugewiesen! Besonders schmeichelhaft war keine davon: das bemitleidenswerte Opfer, die Koabhängige und, das fand ich ja besonders spitze, die arme Irre – einen Süchtigen retten zu wollen! Ich wünschte mir, ich hätte es dir damals schon sagen können. Aber deshalb sage ich es dir jetzt: Für mich warst du schlicht und ergreifend die Gnade Gottes.

Und hier ist noch ein Geheimnis für dich, Süße; ein weiterer Ratschlag vom großen Bruder im Jenseits. Scher dich nicht allzu sehr darum, was andere von dir halten. Sie sehen dich ohnehin so, wie sie dich sehen wollen. Spiel deine Rolle in diesem kosmischen Drama, aber vergiss nie, Schätzchen, dass du selbst entscheidest, wie du dich siehst. Überlass nie anderen das Casting.

Die Vision, entführt und im Zentrum des südamerikanischen Drogenhandels in Geiselhaft genommen zu werden, hielt mich davon ab, selbst auf Margarita nach Billy zu suchen. Nachdem ich zwei Monate lang versucht hatte, meinen Bruder zum Heimflug zu bewegen, war ich bei Olga, meiner kolumbianischen Nagelpflegerin, um mir die Fußnägel lackieren zu lassen.

»Was ist denn mit Ihnen los?«, fragte sie. »Sie sehen ja aus wie das heulende Elend!«

Ich erzählte ihr die ganze Geschichte. Und sie ist echt tough, die Olga. Nach einigem Nachdenken sagte sie: »Ich kenne da einen Typen – 'ne ziemlich große Nummer. Der kann hinfahren und Ihren Bruder suchen. Kostet aber was.«

Ich starrte sie an. Eine Art Kidnapping. Fantastisch! Warum war ich nicht selbst auf diese Idee gekommen?

Der Kolumbianer verlangte zehntausend Dollar dafür, dass er Billy aufspürte und zurückbrachte. Nun, da ich wieder in der Spur war, fiel mir noch eine bessere Lösung ein. Ich konnte meinen guten Freund und Meditationskollegen Guru Guy mit der Aufgabe betrauen. Dieser jüdische Junge aus der Bronx war der König in Sachen Südamerikareisen.

»Ich schicke jemanden, der dich abholt, Billy.«

»Nein, wirklich? Ich fass es nicht. O mein Gott, aber beeilt euch bloß! Ich krepiere hier. Und zu Tode gekratzt – so darf doch niemand sterben!«

»Sag mir, wo du bist, und er holt dich ab.«

»Ich kann nicht, Annie, ich kann das nicht.«

»Aber warum denn nicht? Du machst mich noch vollkommen verrückt. Ich halt das nicht mehr aus.«

»Ich kann wirklich nicht nach Hause kommen, Annie. Ich seh schrecklich aus. Die Haare fallen mir aus. Ich bin total aufgedunsen. Und meine Haut ... die ist so fahl wie bei unserem Vater, kurz bevor er dem Krebs erlag.«

Jetzt verstand ich. Billy, der immer sehr gut ausgesehen hatte, war auch jetzt noch eitel.

Schließlich aber setzte sich doch das Jucken durch. Der Plan sah vor, dass Guru Guy nach Margarita flog. Billy würde es schon irgendwie zum Flughafen schaffen. Dann würden sie in derselben Maschine nach Miami zurückfliegen, wo ich sie abholen wollte. Und für den Fall, dass mein Bruder doch nicht auftauchen sollte, würde Guru Guy sich auf die Suche nach ihm machen.

9   Billy-Staub

Nun, da es schon etwas wärmer war, überlegte ich, was ich mit Billys sterblichen Überresten machen sollte. Seine Asche befand sich seit fast drei Wochen in einer Palisanderdose, die bei mir auf dem Kamin stand.

Zu Lebzeiten hatte mein Bruder immer davon gesprochen, dass er später gern verbrannt und im Meer verstreut werden würde. Plötzlich empfand ich den Impuls, seine Asche in die Bucht jenseits der Straße zu bringen, in der mein Haus liegt, um sie ganz in meiner Nähe zu wissen.

Ähnlich wie bei asiatischen Bestattungsritualen üblich kleidete ich mich in Weiß. Ich füllte Billys sterbliche Überreste aus der Dose in einen bestickten roten Seidenbeutel und ließ mir dabei die hellgrau gesprenkelten Ascheteilchen durch die Finger rieseln. Billy-Staub. Darunter befanden sich harte Bröckchen, wahrscheinlich Knochenreste, und ein größeres Stück Metall, das aussah, als hätte es zu einer Zahnbrücke gehört. Ich zog mir eine Jacke über und ging zur Bucht. Der wolkenlose Himmel war tiefblau, und der Wind hatte genau die richtige Richtung, aufs Meer hinaus.

Gerade als ich die Hand in den Seidenbeutel stecken wollte, erhellte sich ein Teil des Himmels, und ich vernahm Billys Stimme.

Das ist zu kalt für mich, Schätzchen.

»Was?«, fragte ich.

Zu kalt! Das Wasser ist zu kalt für mich.
Da stand ich nun und wusste nicht, was ich tun sollte. »Das hättest du mir aber auch sagen können, bevor ich hergekommen bin.«

Weißt du, was? Streu einfach ein bisschen hier in die Bucht, dann hast du das Gefühl, ich wäre hier.

Während ich etwas Asche ins Meer warf, sagte Billy:

Die Welt ist deine Auster
Die Welt ist deine Auster
Du bist die Perle
Und die Auster

Ich hatte zwar keine Idee, was das bedeuten sollte, bekam aber das Gefühl zu leuchten. Als ich wieder zu Hause war, spürte ich Billy immer noch um mich, also setzte ich mich an den Rechner.

Danke, dass du heute früh ein wenig von meiner Asche in die Bucht gestreut hast. Jetzt fühle ich mich besser. Wirklich, und zwar weil du mit so viel Liebe zu Werke gegangen bist.

Bevor ich gestorben bin, habe ich immer gesagt, mein Leben sei mit dem Tag deiner Geburt beendet gewesen, und das tut mir jetzt sehr leid. Es ist nur so, dass ich immer der Böse war und du die Gute. Und wie Daddy dich erst geliebt hat! Dass Mommy dich mehr lieb gehabt hat als mich, ist das eine. Aber Daddy doch nicht auch noch! Das Familiendrama ist das erste und wichtigste und von enormer Kraft. Und in diesem Drama war meine Eifersucht auf dich ein bedeutender Faktor.

Auf der Erde gibt es ja viele Probleme vom Typ »Wer ist der Beste?«, und daraus resultiert großes Leid. Es ist ein Spiel, das die Kräfte der Maya, beziehungsweise Verblendung, er-

funden haben, um die Menschen unglücklich zu machen. Denn das ist einer der Zwecke der Illusion: das menschliche Elend. Doch aus meiner jetzigen Perspektive heraus kann ich sagen: Jede Seele ist auf wunderbare Weise einzigartig. Bloß dass einige schon weiter entwickelt sind als andere, aber das ist vollkommen in Ordnung.

Nun, da ich tot bin, weiß ich auch, dass es bestimmt nicht lustig war, immer die Gute zu sein, ständig im Chaos unserer Familie aufräumen zu müssen – und dass wir chaotisch waren, ist mal sicher. Und wer hat die ganze Aufmerksamkeit auf sich gezogen? Ich, stimmt's? Alles drehte sich ständig nur um mich. Was für eine Erkenntnis!

Aber du hast mich trotzdem immer geliebt, nicht wahr? Bist schon als ganz kleines Mädchen auf mich zugegangen, hast mir Verschen geschrieben, zu mir aufgeschaut und auf mich geachtet, als wäre ich dein persönlicher James Dean. Und was hab ich getan? Dich eigentlich immer nur ignoriert. Aber damit ist jetzt Schluss. Jetzt mache ich alles wieder gut.

Der Segen, den ich dir heute habe zukommen lassen? Das war mehr als ein Dank für alles, was du für mich getan hast. Etwas Spirituelles.

In diesem Moment sehe ich dich am Computer sitzen und weinen. Du weinst wegen des Endes, das es mit uns genommen hat. Nach der Rettungsaktion habe ich noch fast zwei Jahre gegen meine Sucht angekämpft, und dann bin ich gestorben. Du hast mich gerettet, im Grunde aber konntest du mich gar nicht retten. Weil es so geschrieben stand. In den letzten Monaten vor meinem Tod wolltest du, dass ich mich von dir fernhalte und dich in Ruhe lasse. Ich war am Ertrinken, Annie, und habe dich mit mir gezogen.

Erinnerungen bedeuten mir jetzt nicht mehr viel, aber wenn ich dich da so sitzen und weinen sehe, möchte ich, dass du weißt: Es gibt Erinnerungen, die um einiges wichtiger sind als die Auseinandersetzungen, die wir da unten auf dem Planeten der Zeitweiligkeit zuletzt hatten. Zum Beispiel die an den Heimflug mit meinem neuen Kumpel Guru Guy. Oder an die Nacht in dem Motelzimmer in Miami, als ich völlig zugedröhnt aufgewacht bin und du dich über mich beugtest wie eine Madonna. Ich war so lange weg und nun so glücklich, als ich mein kleines Schwesterchen sah, das sich um mich kümmerte, mich rettete, meinen Krankenhausaufenthalt vorbereitete und überhaupt alles tat, um mich vor einem Tod in der Hölle zu bewahren.

Und jetzt sitzt du weinend an deinem Computer und fragst dich, ob ich dir verzeihe.

Vielleicht solltest du dich eher fragen, ob du mir verzeihst.

Im Grunde allerdings gibt es überhaupt nichts zu verzeihen, denn wir beide haben uns schon vor unserer Geburt darauf verpflichtet, dieses Tänzchen miteinander zu tanzen. Wir haben da kein »In-einem-vorigen-Leben-habe-ich-dir-etwas-angetan-was-ich-jetzt-wiedergutmachen-muss«-Ding durchgespielt. So funktioniert das nämlich nicht. Die Vorstellung von einer karmischen »Auge-um-Auge-Zahn-um-Zahn«-Aufrechnung entspricht nicht den Tatsachen, jedenfalls nicht da, wo ich jetzt bin.

Es geht mehr um eine Art Experiment, das aus Gründen der Seelenzugehörigkeit gewählt wird, die sich dem Verständnis der Menschen entziehen. Und dieses »Nichtverstehen« ist ein wichtiger Bestandteil des Experiments. Denn wüssten die Menschen, wie es funktioniert, würde es erheblich an Durchschlagskraft verlieren, und der Verlust dieser Durchschlagskraft ... na ja, unter anderem darum geht es wohl bei der Erleuchtung.

10 Vincent

Nach der Segnung mit der Perle in der Auster wollte ich Billy eine besondere Ehrung zuteilwerden lassen. Am nächsten Tag beschloss ich, die verbliebenen sterblichen Überreste meines Bruders in den Catskills (Upstate New York) zu verstreuen, die er immer sehr geliebt hatte. Noch im Jahr vor seinem Tod hatte er versprochen, einmal mit mir hinzufahren, um mir das schön gefärbte Herbstlaub des Indian Summer zu zeigen.

Ich packte den roten Seidenbeutel mit Billys Asche in eine Reisetasche und checkte nach einer fünfstündigen Autofahrt in einem kleinen Hotel-Spa ein, in dem ich früher schon einmal übernachtet hatte. Die Wälder in der Umgebung der nur mit dem Nötigsten ausgestatteten Häuser der Anlage waren spektakulär. Ich aß zu Mittag, kleidete mich wieder ganz in Weiß, steckte den Seidenbeutel in meinen Rucksack und stieg einen großen Hügel hinauf.

Als ich oben angekommen war, starrte mir vom Waldesrand ein riesiger Rehbock mit einem enormen Geweih entgegen. Er wirkte wie ein mythologischer Wächter des Waldes. Etwas ängstlich ging ich langsam auf ihn zu. Etwa fünfzehn Meter vor ihm blieb ich stehen.

»Ob ich wohl Billys Asche in deinem Revier verstreuen dürfte?«

Als er mich nicht angriff, sondern im Wald verschwand, nahm ich das als Einverständniserklärung. An der Stelle, an der der Bock gestanden hatte, öffnete ich den roten Seidenbeutel.

Dann hörte ich: *Hier ist es zu einsam. Und im Winter wird es bitterkalt.*

»Ich habe deinetwegen gerade einen halben Tag lang im Auto gesessen, um hierherzufahren. Warum hast du mich nicht früher aufgehalten?«

Billy antwortete nicht, aber ich spürte seinen Geist allenthalben – wie einen hellen Nebel, der die Hügel beleuchtete. Ich wanderte zum Hotel zurück, der Beutel mit der Asche war dabei immer noch in meinem Rucksack. Die schäbigen Gebäude kamen mir jetzt wie verwunschene Hütten vor, die Gesichter der Menschen schienen zu strahlen und von berückender Schönheit zu sein. Ich beschloss, erst am Mittag des nächsten Tages zurückzufahren, und buchte eine morgendliche Massage bei einem Vincent.

Bevor sich Billy auf die Isla Margarita abgesetzt hatte, war er als Masseur tätig gewesen – eine seiner besseren Nummern. Ich kenne niemanden, der mit den Händen so geschickt ist, wie er es war. Ein weiterer Grund, warum er den Namen Billy Fingers so mochte.

Als ich am nächsten Morgen bei Tagesanbruch in meinem spärlich beleuchteten Zimmerchen aufwachte, erwartete mich mein Bruder bereits.

Danke, dass du mir die Ehre erwiesen und meine Asche in diese heiligen Berge gebracht hast. Das Wunder der Schöpfung ist hier überall: die Bäume, der Himmel, die Sonne, die Freundschaft, die Freundlichkeit, die Liebe. Vielleicht kann ich dir heute noch ein Zeichen geben, ein kleines Wunder, irgendetwas kleines Schönes, das dich mit der Quelle jeglicher Pracht und aller Wunder verbindet.

Vincent erwies sich als großer, untersetzter Mann in den Zwanzigern mit gegeltem blondem Haar und phänomenalen Händen. Ich weiß nicht, ob es daran lag, dass sich die Berührungen der beiden Männer so ähnlich anfühlten, jedenfalls erzählte ich Vincent von Billy, während er meinen Rücken mit warmem Öl durchknetete. Dass er mich für durchgeknallt halten könnte, kümmerte mich nicht, ich würde ihn ja nie wiedersehen. Als die Massage zu Ende war, hüllte ich mich in mein Badetuch, setzte mich auf und bemerkte, dass Vincent weinte.

»Meine Schwester ist vor ein paar Monaten gestorben. Sie erkrankte und starb – aus heiterem Himmel, einfach so. Dabei war sie nicht einmal zwanzig. Haben Sie vielen, vielen Dank dafür, dass Sie mir Ihre Geschichte mit Billy erzählt haben. Ich glaube, Sie sind … Sie sind irgendwie ein Zeichen von ihr.«

Ich war sprachlos. Der erste mir wildfremde Mensch, dem ich von meinem Bruder erzählt hatte, hielt mich nicht für verrückt. Sah in mir vielmehr eine Botin.

Ich erinnerte mich an Billys Worte vom frühen Morgen und sagte: »Ja. Das kann nur ein Zeichen sein.«

Auf dem Weg zurück vom Spa in mein kleines, muffiges Zimmer summten Bäume und Himmel vom Billy-Effekt. Bei meiner Begegnung mit Vincent musste mein Bruder die Hand im Spiel gehabt haben. Ob wohl Vincents Schwester auch etwas damit zu tun hatte?

Als ich vor meiner Heimfahrt im Speisesaal des Hotels saß und eine Schale Kichererbsensuppe aß, kam Vincent an meinen Tisch. Er überreichte mir ein rundes rotes Strohkörbchen, das drei Kristalle enthielt. Der Bergkristall, erklärte mir Vincent, sei für den Verstand, der Rosenquarz fürs Herz und der seltene rote Citrin fürs Blut – wie bei Bruder und Schwester.

11 Weitere Beweise

Nach meinem Ausflug in die Catskills erzählte ich meiner Schreibgruppe von Vincent. Und als ich zugab, dass ich es nicht als Qual, sondern vielmehr als Geschenk empfunden hatte, mit einem Fremden über Billy zu sprechen, warf mir Tex einen ihrer »Hab-ich's-dir-nicht-gesagt?«-Blicke zu.

Am nächsten Morgen war es neblig. Als die späten Aprilschauer die Erde zum Duften brachten und das Grün des Grases intensivierten, tauchte Billy auf. Seine Stimme klang träge und schleppend.

Sag ... Steve ...: »Führe ... uns ... nicht ... in ... Versuchung.«

Ich rief Steve im Büro an, um ihm die Botschaft zu übermitteln.

»Billy hat mir gerade eine Nachricht für dich gegeben. ›Führe uns nicht in Versuchung.‹ Was soll das bedeuten?«

»Gar nichts«, sagte er kurz angebunden. »Hör zu, ich habe gleich ein Meeting und bin schon spät dran. Lass uns später reden.«

Ich war überrascht. Billy schien zum ersten Mal danebengehauen zu haben.

Ein paar Stunden später rief Steve zurück: »Mitten in der Besprechung hat einer meiner Kollegen eine Geschichte erzählt, und die Pointe war ...: ›Führe uns nicht in Versuchung.‹ Er hat es sogar noch mal wiederholt. Ich wär beinah vom

Stuhl gefallen. Was deinen Bruder betrifft, sind bei mir jetzt auch noch die letzten Zweifel ausgeräumt.«

Nachdem wir aufgelegt hatten, gab mir Billy einen weiteren Hinweis.

Tex ... Bach- ... -blüten ... Clematis.

Unter Bachblüten versteht man eine Art homöopathischer Medikamente, die bei emotionalen Belastungen genommen werden. Ich drückte die Schnellwahltaste für Tex.

»Hast du schon mal was von Bachblüten gehört?«

Sie lachte: »Allerdings.«

»Was ist denn daran so komisch?«, wollte ich wissen.

»Erklär ich dir später. Sprich erst mal weiter.«

»Nun, Billy möchte, dass du welche namens Clematis nimmst.«

»Gerade gestern hat mir meine Schwester Bachblüten empfohlen. Zuvor hatte ich noch nie davon gehört. Und jetzt will Billy mir sozusagen welche verschreiben? Is' ja irre!«

Tex und ich gingen ins Internet, um nach Clematis zu suchen. Demnach ist sie die Bachblüte der Wahl für »Träumer und Bewohner von Fantasiewelten«. Das passte zu Tex wie Pünktchen zu Anton.

»Billy will, dass ich weiß, dass er mich beobachtet«, sagte meine Freundin. »Und dass er auf mich aufpasst.«

Zwanzig Minuten später sprach mein Bruder eine weitere Empfehlung aus.

Lola ... Bach- ... -blüte ... Vervain.

Lola war die Freundin von Guru Guy. Da beide den Fortgang der Billy-Geschichte mitverfolgt hatten, rief ich Guru Guy gleich an, um ihm die Nachricht zu übermitteln.

Kurz darauf rief er mich zurück: »Ich habe Lola das von Billy gerade ausgerichtet. Und stell dir vor: Als ich sie anrief, war sie in einem Bioladen und schaute genau in dem Moment die verschiedenen Bachblüten durch. Und das Irrste: Sie hatte gerade ein Fläschchen Vervain in der Hand.«

Diese vielen Beweise an ein und demselben Tag gaben mir das Gefühl, in einem Wunderland zu sein – einer unsichtbaren Wirklichkeit, zu der Billy mir Zugang verschaffte. Ich zog mir eine gelbe Regenjacke über und fuhr in ein nahe gelegenes Fischerdörfchen. Dort setzte ich mich auf eine verwitterte Holzbank und schaute aufs Meer.

Im Juli hatte ich Billy zum letzten Mal gesehen. Da hatten wir auf ebendieser Bank gesessen, Kaffee getrunken und Donuts gegessen. Im Sommer zuvor hatte Guru Guy ihn aus Venezuela zurückgeholt, und jetzt war er hergekommen, um mich zu besuchen. Im Donut-Schuppen übernahm er die Bestellung für mich. Zu meiner Überraschung wusste er noch, dass ich lieber Vanilleglasur mochte als Schoko. Neben meinem großen Bruder auf der Bank zu sitzen und den Wellengang zu beobachten hatte ich sehr genossen. Und jetzt, da ich hier allein im Regen saß, spürte ich seine Gegenwart überall um mich herum.

ZWEITER TEIL

Selbst die Seele verändert sich

12   Zum Universum werden

Eine Zeit lang blieb Billy stumm, allerdings spürte ich ihn manchmal tagsüber in meiner Nähe. Zu Besuch kam er erst Ende Mai wieder, da hörte er sich aber vollkommen anders an. Seine Stimme, langsam, hypnotisch und versonnen, schien von weit, weit her zu kommen.

Ich weiß, dass meine Stimme heute komisch klingt – wie aus großer Entfernung und irgendwie bedröhnt. Aber hab keine Angst, Kleines. Ich bin nicht stoned. [Lacht.] Nur weiter weg als zuvor. Ich bin ganz allein, aber das fühlt sich gut an, nicht so wie die Einsamkeit meiner letzten Lebensjahre.

Nach dem Tod verbringt man viel Zeit, Solozeit, damit, sich selbst als Universum zu erkunden. Kannst du das fassen? Du bist ein Universum. Aber die Gesellschaft bringt dir natürlich etwas ganz anderes bei. Die Gesellschaft lehrt Begrenztheit. Glaub mir, Annie, du hast alles, was du je brauchen wirst, bereits in dir. Und das, was du wirklich bist, liegt weit jenseits deines Begriffsvermögens. Deshalb kann das Leben in der Beschränktheit des menschlichen Daseins manchmal auch so schmerzhaft sein. Für mich war es das jedenfalls.

Wie lange ist es jetzt her, dass mich Gottes Lieferservice erwischt hat, vier Monate vielleicht?

Ich hätte nicht gedacht, dass ich es jemals leid sein würde, mein Hologramm zu betrachten. Aber nach einer Weile wurde klar, dass mich alle Wege letztlich genau hierher geführt haben – in den gegenwärtigen Moment, in dem ich hier im All umherschwebe, das weit faszinierender ist als der Rückblick auf das Leben, das ich hinter mir gelassen habe. Mein Hologramm muss einen eingebauten Selbstzerstörungsmechanismus gehabt haben, denn als ich das Interesse daran verloren hatte, verblassten die Bilder.

Als auch das Letzte verschwunden war, kam plötzlich wie aus dem Nichts dieser superhelle senkrechte blau-weiße Lichtstrahl. Er war ungefähr zehnmal so groß wie ich (also ich hab hier natürlich keine richtige Größe, aber du weißt, was ich meine) und kam mir vor wie ein Strichmännchen, das sich im Zickzack bewegte wie elektrischer Strom. Aus seinem Körper ragte ein Büschel fluoreszierender Zweige heraus, die wie Arme aussahen und in meine Richtung wiesen. Dieses Licht schien freundlich, froh, mich zu sehen. Ich empfand auch Wohlwollen ihm gegenüber, aber da ich nicht wusste, wie ich mich richtig verhalten sollte, hielt ich erst einmal den Mund und tat gar nichts. Irgendwie dachte ich, dass nicht ich hier das Sagen hatte.

Du fragst dich wahrscheinlich, wieso ich einer riesigen Gestalt mit Blitzen als Tentakeln Wohlwollen entgegenbringen konnte, aber die Güte dieses Wer-oder-was-immer-es-auch-sein-mochte ließ einfach keinen Raum für Angst. Ich bin mir ziemlich sicher, dass es sich um eines dieser unsichtbaren Höheren Wesen handelte. Vielleicht kann ich ihm nur in dieser Gestalt begegnen. Aber vielleicht ist es auch seine Gestalt. Ich weiß es wirklich nicht.

Was ich aber weiß, ist, dass die Höheren Wesen offenbar bestimmte Attribute der Göttlichen Präsenz sind. Diese Präsenz – das unendliche Licht, das das gesamte Universum erfüllt ... seine Persönlichkeit enthält jede nur vorstellbare gute

*Eigenschaft. Vollendete Weisheit? Ja. Liebevolles Mitgefühl?
Aber selbstverständlich. Allumfassende Liebe? Keine Frage.
Alle Eigenschaften, die man mit Güte verbindet, sind hier in
diesem Licht. Anders verhält es sich mit den Höheren Wesen.
Die sind spezifischer, persönlicher, so als wäre die Göttliche
Präsenz durch ein Prisma gelenkt worden. Und die farbigen
Strahlen, die aus dem Prisma austreten – das sind die Höheren Wesen.*

*Aber egal. Als das blitzartige Wesen näher auf mich zukam,
strahlten seine phosphoreszierenden Arme eine Art elektrische Energie ab. Ich vergleiche sie nicht etwa deshalb mit
Elektrizität, weil sie in irgendeiner Weise schmerzhaft gewesen wäre, nein, sondern weil sie mir einen Schlag versetzte,
einen Ruck gab. Ich empfange die Freundlichkeit und das
Verständnis der Höheren Wesen jetzt aus mir selbst heraus.
So, wie ich mich jetzt liebe, wäre es mir nicht möglich gewesen, als ich gerade erst im Jenseits angekommen war. Das
heißt wohl, dass sich sogar die Seele verändert.*

*Wenn es auf deinem Planeten etwas gibt, was sich lohnt,
dann ist es die Entdeckung der Eigenliebe. Ich spreche von
»Entdecken« und nicht von »Erlernen«, weil dies ja hieße,
dass man bei null anfangen müsste. In Wahrheit aber liebt
man sich schon längst. Wenn man dann aber geboren wird
und die Amnesie, der Gedächtnisverlust, eintritt, vergisst man
seine Großartigkeit und meint, man müsse sich das Recht,
geliebt zu werden, erst verdienen. Wie aber kann man sich
etwas verdienen müssen, was einem längst gehört?*

*Meine Begegnung mit dem Lichtwesen läutete eine neue
Phase meiner Reise ein, die Phase, in der ich mich jetzt befinde: die der Universumswerdung. Der Stromstoß ließ mich
aufstehen, mich ausdehnen und im Kosmos verbreiten. Jetzt
habe ich Sterne und Monde und Galaxien in mir und um*

mich herum. Da läuft eine Art Entwicklung ab, als hätte ich einen gigantischen Flipperautomaten mit Lichtwellen in mir, und dieses Gefühl wird besser und besser.

Die Sache mit der Universumswerdung ist die – und ich sage das jetzt mal so, aber meine Worte werden der Realität nicht im Entferntesten gerecht –: Je mehr ich mein sogenanntes Selbst beziehungsweise Ich ablege, desto besser fühle ich mich. Während ich mich mehr und mehr mit der Universellen Energie vermische, denke ich: »Genau, ich verliere mich.« Aber es fühlt sich so gut an, dass mir das völlig egal ist, also lasse ich weiter los und vermische mich immer mehr. Und siehe da, ich bin immer noch ich, aber wie besoffen vor Glückseligkeit. Deshalb höre ich mich auch so verträumt an.

Zum Universum zu werden: So verstehe ich das unbegreifliche Wesen dieser Andersartigkeit. So wage ich mich in eine Dimension dessen vor, was man vielleicht als Quelle bezeichnen könnte. Und so unzulänglich das auch ausgedrückt sein mag, ich kann sagen, dass im Zentrum von allem eine Energie steht, ein immaterielles Material, das ich mangels treffenderer Begriffe Liebe nenne. Oh, wie ich diese Liebe liebe, Schwesterchen, und wie gut sie sich anfühlt! Das kannst du dir überhaupt nicht vorstellen. Wirklich nicht. Keine Chance.

Ich nehme an, dass die Leute, die so etwas erleben, normalerweise nicht darüber reden, aber wer weiß? Und wer weiß, warum du mich hören kannst? Als ich nach meinem Tod dich und all deinen Schmerz gesehen habe, wollte ich, dass es dir besser geht, und habe deshalb angefangen, zu dir zu sprechen. Aber dass du mich auch hören konntest, war eine große Überraschung. Ja, ich bin darüber genauso überrascht wie du. Apropos Überraschung: Da ist gerade eine unterwegs zu dir.

Ich konnte Billy nur schwer verstehen. Er hörte sich an, als tauche er gerade aus einer Narkose auf oder erwache aus dem Tiefschlaf. Doch trotz seiner schwachen Stimme war das Gefühl der Euphorie, das seine Worte in mir hervorriefen, stärker denn je.

Ich schnappte mir eine Decke sowie ein paar Kissen und legte sie auf der Terrasse vor meinem Schlafzimmer auf den Boden. Es war windig an diesem Morgen, und der Mond war noch zu sehen. Ob ich das, was Billy da oben erfuhr, in ähnlicher Form auch hier unten erleben konnte?

Auch ich wollte zum Universum werden wie mein Bruder. Während ich in den weiten, wolkenlos blauen Himmel schaute, schwanden die Zweifel, was mein zukünftiges Leben betraf. Vielleicht musste ich gar nichts Besonderes sein, kein außergewöhnlicher Mensch. Vielleicht konnte ich mich von allen Definitionen meiner selbst lösen. Vielleicht war es ja gut, dass alles genau so war, wie es war.

In meine Träumerei platzte das Klingeln des Telefons. Am Apparat war jemand, der im Auftrag meines Meditationslehrers um die Genehmigung bat, zwei meiner Songs für ein Programm nutzen zu dürfen, das weltweit ausgestrahlt werden sollte. Was für eine Überraschung! Vor Jahren hatte ich meinem Lehrer eine CD mit Liedern von mir zugeschickt, aber ohne mir größer etwas davon zu versprechen. Billy hatte also wieder einmal ins Schwarze getroffen.

Ich steckte voller Fragen. Woher weiß Billy, was geschehen wird? Wie weit in die Zukunft kann er sehen? Kennt er mein ganzes Leben? Hat er Einfluss darauf, was passieren wird? Ist Billy vielleicht nur ein superhellsichtiger Teil meiner selbst? Diese Fragen schienen die Wirkung der Schwerkraft auf mich zu mindern. Ich fühlte mich plötzlich leicht wie Luft.

13 Zwei Universen, die im Licht aneinander vorüberziehen

Am nächsten Morgen war meine Laune nicht mehr so gut. Doch diese Stimmungsschwankungen waren wohl der Preis, den ich jetzt zu zahlen bereit war. Ich konnte es kaum erwarten, wieder von Billy zu hören. Aber Tage vergingen ohne ein Zeichen von ihm. War er fort? War seine Stimme zu schwach für meine Ohren geworden?

Zehn Tage später sah ich in der Morgendämmerung ein ovales blaues Licht hoch über meinem Bett. Das war Billy, wusste ich. Ich konzentrierte mich auf das Licht und konnte die Stimme meines Bruders bald darauf hören. Sie klang noch verträumter als beim letzten Mal.

Hörst du mich? Ich weiß, dass meine Stimme jetzt von noch weiter her kommt, aber wenn du dich konzentrierst, kannst du sie immer noch wahrnehmen.

Mir ist ziemlich nostalgisch zumute. Nach dem Tod hat man so etwas manchmal: Nostalgie. Aber keine Neuralgie, Arthralgie, Fibromyalgie mehr. Diese ganzen schmerzhaften »Algien« kennt man hier im Himmel nicht. Upps, hab ich da eben Himmel gesagt? Wahrscheinlich schon.

Ich habe mich treiben lassen, meine Universumswerdung genossen. Und was geschieht? Plötzlich treffe ich Ingrid, meine erste Frau. Ich kann dir die Freude, die ich beim Anblick ihrer spirituellen Gestalt empfand, kaum beschreiben – wobei

»Freude« mein Gefühl nicht einmal annähernd trifft. Als ich sie das letzte Mal gesehen hatte, waren wir beide noch auf der Erde, und sie stand wegen ihrer fortgeschrittenen Krebserkrankung unter Morphium.

Nun wurde Ingrid also auch zum Universum. Bei ihr waren die Sonnen und Monde und Sterne so angeordnet, dass sie an die Figur einer Frau erinnerten. Sie vollführte diesen sehr femininen Tanz der Liebe, wackelte mit ihren wunderbaren Sternenhüften, während sie mein Universum mit dem ihren umkreiste. Ingrid war schon immer sehr verführerisch gewesen. Sie jetzt so zu sehen hätte mich beinahe in Versuchung gebracht, mir sofort wieder einen Körper zuzulegen. Aber wirklich nur beinahe.

In dem Moment, in dem ich dieses tanzende Universum erblickte, wusste ich sofort, dass sie es war. Jede Seele hat, glaube ich, ihre ganz persönlichen Eigenschaften. Und wenn man jemandem wirklich nahesteht, erkennt man seine Seele, egal, welche Form sie angenommen hat.

Ingrids Seele war weder alt noch jung, sondern alterslos, könnte man sagen. Als sie auf mich zukam, erkannte ich, dass die Sterne ihres Universums verschiedene Phasen ihres Lebens widerspiegelten. Alle Alters- und Entwicklungsstufen von ihr.

In einem dieser Sterne sah ich ein unschuldiges blondes Mädchen, das am Strand im Sand buddelte. In einem anderen tanzte Ingrid als Teenager irgendwo in Las Vegas auf einer Bühne. Meine Güte, war sie wunderbar! Wieder ein anderer Stern zeigte sie im Kokainrausch, ein weiterer als Gefängnisinsassin. Und dann war da auch meine Lieblings-Ingrid, meine sinnliche Braut aus Schweden, die mich mit ihren großen grünen Augen anschaute, als sei ich die Welt für sie. Ingrid, die durchgeknallte Tigerin mit dem aufbrausenden

Naturell war auch in den Sternen, aber abgemildert, sodass es nicht ganz so schlimm war. [Lacht.]

Was in allen diesen verschiedenen Aspekten meiner Exfrau durchschien, war ihre Seele. Und die war ohne jeden Zweifel das Schönste, was ich je gesehen habe. Von dieser ihrer Göttlichen Großartigkeit hatte ich nicht den blassesten Schimmer, als wir uns beide noch auf der Erde aufhielten.

Wäre ich der betörenden Schönheit von Ingrids Seele zu Lebzeiten gewahr gewesen, hätte sie mich vermutlich so überwältigt, dass ich überhaupt nichts mehr auf die Reihe gekriegt hätte. Hier aber lasse ich mich einfach nur treiben. Ich schwebe und werde zum Universum. Man muss hier eigentlich gar nichts.

Solange man Verpflichtungen hat, wäre es wohl ein großes Problem, wenn man die Seelen der Menschen sehen könnte. Die ganze Welt könnte dichtmachen. Überleg mal. Wenn du in einen Laden gingest, um irgendetwas zu besorgen, würdest du womöglich Stunden damit verbringen, über die Seele der Verkäuferin zu staunen. Könntest du die Seelen deiner Feinde wahrnehmen, würdest du dich vermutlich in sie verlieben – und was dann? Und wenn du die Seele eines Menschen betrachten könntest, den du bereits von Herzen liebst, so wie ich Ingrid, wäre diese Erfahrung wohl so intensiv, dass sie dich für den Rest deines Lebens außer Gefecht setzen würde. Jetzt verstehst du vielleicht, warum das Erkennen der Seelen auf Erden eine echte Schwierigkeit darstellen könnte. Das würde dort bald alles schnell zu einem einzigen großen Love-in werden.

Dass Ingrid und ich jetzt unsere Seelen erkennen können, liegt vermutlich daran, dass wir beide nun Universen sind. Wir wollen nichts anderes voneinander, als dahinzutreiben und das Licht zu genießen. Das ist alles. Keine Worte, keine Bindungen, keine Forderungen, nur zwei Universen, die im Licht aneinander vorüberziehen.

Ob wir das Universum sind? Du kannst es ja mal googeln.

Billy redete heute noch langsamer und undeutlicher als beim letzten Mal. Mit mir zu sprechen schien ihm immer schwerer zu fallen.

Die Internetsuche nach »Sind wir das Universum?« erbrachte ein YouTube-Video des verstorbenen Astronomen Carl Sagan. Darin spricht er davon, dass wir alle aus »Sternenmaterial« bestehen, dass unsere Körper vor Milliarden von Jahren aus Sternen entstanden sind und dass es sich bei unserem Streben, den Kosmos zu erkunden, in Wirklichkeit um den Wunsch handelt, zu unseren himmlischen Wurzeln zurückzukehren. Wow! Genau das hatte Billy auch gesagt. Und nicht nur Billy war aus dem Kosmos entstanden. Wir alle sind buchstäblich aus Sternen gemacht.

Zum Universum zu werden ist also nicht nur ein poetisches Bild, sondern beruht auf wissenschaftlichen Fakten.

14   Ich weiß es nicht

An den nächsten Tagen sah ich beim Aufwachen Billys blaues Licht, aber es verschwand auch immer wieder schnell. Eines Morgens blieb es dann, und als ich mich darauf fokussierte, hörte ich Billys Stimme. Sie war äußerst leise und noch verwaschener als beim letzten Mal, doch mit höchster Konzentration gelang es mir schließlich, seine Worte zu verstehen.

Wir haben eine ganze Weile nichts voneinander gehört, stimmt's? Aber in meinem neuen Zustand ist das Sprechen gar nicht so leicht. Zwischen meinen einzelnen Gedanken sind so große Lücken, dass es mich Mühe kostet, sie miteinander zu verbinden, aber für dich tu ich das gern. Denn was wäre ein Geschenk schließlich ohne etwas Anstrengung? Schatz, hab keine Angst, weil sich meine Stimme jetzt so anders anhört. Ich bin's immer noch, denke ich. Ich muss lachen; hörst du das?

Aufgrund all dieser Lücken ist die Vergangenheit unwichtig für mich geworden. Würde es eine Rolle spielen, wenn sie anders verlaufen wäre? Wäre ich dann auch hier, wo ich jetzt bin, würde mit dir plaudern und hätte die beste Zeit meines Lebens ... ich meine: Todes? Ich weiß es nicht.

Jetzt ist nur wichtig, dass ich hier eine Glückseligkeit erlebe, die größer ist als jedes Vergnügen, jede Freude, alles, was man sich nur vorstellen kann. Mein gegenwärtiger Glück-

seligkeitsfaktor ist bestimmt vierhundert Millionen Mal höher als in dem heilenden Raum, in dem ich mich unmittelbar nach meinem Tod befunden habe.

Ich muss mich erst daran gewöhnen, aus dieser neuen Stratosphäre heraus zu dir zu sprechen. Ich werde versuchen, mich in meinen vorherigen Bewusstseinszustand einzuwählen. Wow! Aus dieser Dimension sind die Erinnerungen psychedelisch, stereosymphonisch – wie ist noch mal das Wort, das ich suche? Es hat irgendwas mit Computern zu tun – ah ja, virtuell. Virtuell verstärkt. Aber ich kann sie nicht festhalten. Sie kommen und gehen, offenbar ganz, wie es ihnen beliebt. Tja, der Tod ist schon etwas höchst Erstaunliches.

Ich bin allein, bin aber auch alles. Dinge zu beschreiben, wenn man keine Gedanken hat, ist ziemlich schwierig. Es gibt auch nichts, was ich mir – in Anführungszeichen – wünsche oder was ich brauche. Ein Wort wie »zufriedengestellt« oder »befriedigt« wäre unzureichend, um meinen Zustand zu beschreiben, weil es irgendeinen Mangel impliziert, der behoben wird. Mangel aber ist was Irdisches. Ich weiß, dass du im Moment den Bruchteil eines Bruchteils meiner Glückseligkeit empfindest, etwas Lichtes und Heilendes.

Vergiss nicht, mein Schatz, vergiss nicht: Das, was du auf der Erde erreichen kannst, ist nur ein winziger Teil des Ganzen. Gäbe es ein Geheimnis, das ich dir zuflüstern könnte und das du für dich behalten könntest, wäre es, dass du alles schon in dir hast. Alles, was du brauchst. Die Erde ist nur eine Zwischenstation. Eine Art Spiel. Sagen wir: ein Sternenspiel. Wenn ich dir ein Geschenk machen könnte, würde ich dir beibringen, wie du in diesem Spiel frei bleiben, wie du die Herrlichkeit und die Pracht in dir selbst finden kannst, jenseits aller Rollen und Dramen, damit du den Tanz des Lebensspiels mit etwas mehr Rhythmusgefühl, größerer

Unbekümmertheit und diesem gewissen Hüftwackeln tanzen könntest.

Billy diktierte so langsam, dass es fast eine Stunde dauerte, bis ich alles aufgeschrieben hatte. Aber das machte mir nichts aus. Überhaupt nichts machte mir irgendetwas aus. Ich war bereit, aus meinem Leben ein Sternenspiel zu machen, was immer das heißen mochte.

Als ich gegen neunzehn Uhr zu Abend aß, überraschte mich Billy mit einer ungewöhnlichen Einladung.

Wir ... treffen ... uns ... am ... Meer.

Ich stellte die Reste meines Essens in den Kühlschrank, zog einen dicken Pullover über, warf eine Decke ins Auto und fuhr ans Meer. Die Luft war samtig, die Sterne schienen hell, die Mondsichel hing schräg am Himmel.

»Wie macht man sein Leben zum Sternenspiel?«

Werde ... zum ... Universum.

Ich setzte mich neben meiner Decke direkt in den Sand. In der endlosen Weite des Himmels über mir funkelten die Sterne wie Diamanten. Nicht lange, und Billys Präsenz zog mich hoch, hoch, höher und wirbelte mich herum, als fiele ich statt nach oben nach unten in ein Loch. Ich fiel ins Sternenlicht empor, schneller und schneller, dabei wurde ich lichter und lichter. Ich löste mich im Weltraum auf. Dann aber bekam ich es mit der Angst zu tun und landete wieder in meinem Körper auf dem Sandstrand.

Alles, was ich normalerweise sehr ernst nehme, schien plötzlich unbedeutend – wurde zu winzigen Fleckchen in der Weite des Universums. Billy brachte mir ein Sternenspiel bei.

15   Ein neuer Körper

Ich hätte gern mehr über das Sternenspiel erfahren, aber Billy verschwand. Da ich ihn diesmal nicht einmal mehr spüren konnte, fühlte ich mich noch verlorener als sonst.

Es war Anfang Juli. Da Tex einen Verlagsvertrag für ein Buch bekommen hatte, sodass ihr kaum mehr Zeit blieb, löste sich die Schreibgruppe auf. Die Leute vergnügten sich am Meer, gingen mit Freunden essen oder auf Partys. Ich machte bei Tagesanbruch lange Strandspaziergänge, komponierte am Synthesizer spacige Musik und schaute mir Sendungen über den Kosmos im Kabelfernsehen an. Ich fühlte mich isoliert, wie vertrieben. In meiner Welt war ich nicht mehr recht verwurzelt, und zu der von Billy hatte ich keinen Zugang.

War mein Bruder vollkommen im Universum aufgegangen? Ist es das, was nach dem Sterben irgendwann geschieht? Ich war traurig, aber nicht so wie in dem Moment, als ich von Billys Tod erfahren hatte. Jetzt liebte ich ihn sogar noch mehr als zu seinen Lebzeiten. Und ich wusste mit absoluter Sicherheit, dass auch er mich liebte. War unsere gemeinsame Zeit jetzt aber vorbei?

Einen Monat nach der Nacht am Meer sah ich das blaue Licht über meinem Bett. Als ich es voller Aufregung fixierte, hörte ich Billys Stimme, und zwar diesmal kristallklar.

Barnabas, Barnabas, einen schönen Gruß von Barnabas.

Hallo, Prinzessin. Was dich überraschen wird: Wir dürfen dieses Buch nicht nur schreiben, wir sollen es sogar.

Ich ließ mich gerade treiben und war dabei, zum Universum zu werden, als ich plötzlich wieder in einen Körper hineingesogen wurde, einen Körper ganz aus Licht. Als ich das Universum war, als ich Sterne, Monde und Galaxien war, hatte ich gar nicht darüber nachgedacht, dass ich keinen Körper mehr hatte. Das, was die Menschen so gern tun, mache ich hier gar nicht mehr: mich mit Dingen aufhalten, die ich nicht habe. Das liegt wohl daran, dass mich das, was hier ist, so erfüllt. Ich bin das, was ist!

Statt aus Fleisch und Blut besteht mein neuer Körper aus verdichtetem Licht. Ich bin immer noch ich – nur vollkommen anders. Die Universumswerdung hat mich von Grund auf verwandelt und auf dieses Ereignis vorbereitet. Ekstatisch bin ich auch immer noch, aber mein Bewusstsein ist jetzt klarer, fokussierter.

Ich trage nun heilige Roben und habe den Kopf voller rabenschwarzer Locken, ganz wie in meiner Jugend. Einen Schnäuzer habe ich auch. Nicht, dass es hier Spiegel gäbe! Ich weiß einfach, wie ich aussehe. Ich bin immer noch Billy, fühle mich sogar mehr wie ich selbst als zu Lebzeiten. Meine Tendenzen zum bösen Buben aber scheinen sich in irgendetwas anderes verwandelt zu haben. Solange ich noch auf der Welt war, verbarg sich hinter meinem sogenannten Fehlverhalten im Grunde die Suche nach meiner persönlichen Wahrheit auf dem Planeten, bei dem so vieles auf Verblendung und Selbsttäuschung beruht. Jetzt, da ich hier bin, leistet mir meine rebellische Ader gute Dienste. Aber jetzt bin ich kein Wichtigtuer mehr, sondern ein weiser Mann.

Die Weisheit kommt von innen und scheint in alle Richtungen als aus meinem Herzen ausströmende Glückseligkeit. Ich habe nicht wirklich ein Herz, aber es kommt aus der Herzgegend. Ich strahle Liebe aus, ich pulsiere mit ihr. Es gibt so viel Hass auf der Erde, sogar im Namen Gottes. Was für eine Idee! Hass im Namen Gottes. Das ist der Grund, warum Christus sagte: »Selig sind die Sanftmütigen.« Diese können gar nicht hassen.

Ich bin der sehr, sehr blaue Himmel. Dieses Blau ist meine erste Erfahrung mit den konzentrierten Farben hier und übersteigt jede Vorstellungskraft. Auf der Erde sind die Sinne unabhängig voneinander, dieses Blau hier aber kann ich auch hören, riechen, schmecken und berühren.

Vorher, solange ich noch das Universum war, war ich wie der Nachthimmel, und meine Erinnerungen waren durchscheinend wie mit Wasserfarben gemalt. Aber das fällt mir erst jetzt auf, da dieses neue Farbding läuft. Weil ich nun wieder so etwas wie ein »Jetzt« empfinde, scheint es hier wohl auch eine Art Zeit zu geben. Zum Beispiel hatte ich erst keinen Körper mehr, und jetzt habe ich wieder einen. Die Zeit hier hat aber nichts mit Uhren oder Erdumdrehungen zu tun. Es geht wohl eher darum, dass etwas so und so ist – und sich dann verändert. Momente sind wie Ebbe und Flut; das Meer kommt und geht und nimmt einen mit sich. Du wartest hier nie auf den nächsten Moment, sondern bist immer unterwegs.

Mit meinen neuen Augen schaue ich zu etwas unbeschreiblich Hellem hoch, aber die Sonne ist es definitiv nicht. Die ist mickrig im Vergleich mit diesem gigantischen blau-weißen Lichtball über meinem Kopf. Ich werde versuchen, ihn so genau wie möglich zu beschreiben. Es ist eine riesige Kugel – so groß, dass ich sie gar nicht im Ganzen erfassen kann –, und daraus schießen Strahlen heraus, die genauso hell sind wie die Kugel selbst. Das ist das Beste, was ich je gesehen habe, vor oder nach meinem Tod. Es gibt mir das Gefühl ... aber nein, hier hat man weniger Gefühle als vielmehr Erfahrungen. Ich mache also die Erfahrung, dass alles, was ich je erhofft habe, tatsächlich der Wahrheit entspricht und sogar noch viel besser ist, als ich es mir hätte vorstellen können.

Während ich nun also unter dieser blau-weißen Kugel stehe, kommt ein strahlend lächelnder Mensch vorbei. Dieses Wort verwende ich, um dir zu sagen, dass er keiner anderen Spezies angehört oder so als wir. Ob er Männlein oder Weiblein ist, interessiert mich hier wenig. Auch er trägt eine Robe. Die finde ich überraschend, weil sie braun ist und eher aussieht wie ein Jutesack. Das ist das Erdähnlichste, was ich bislang hier gesehen habe, weshalb ich glaube, dass es wohl irgendetwas mit Dingen zu tun hat, die sich auf deinem Planeten abspielen. Aber die Robe dieses Menschen ist mir egal, weil sein Gesicht so spektakulär strahlt.

Ich kenne ihn zwar nicht, aber er kommt mir irgendwie vertraut vor. Und obwohl ich mich nicht erinnern kann, ihn je getroffen zu haben, weiß ich, dass er Joseph heißt. Er hat silbrig graue Haare, und ich glaube, dass er irgendein Ältester ist, unabhängig von seinem Alter. Er streckt die Hände nach mir aus und schaut mich mit den blauesten Augen an, die ich je gesehen habe. Ich weiß, das hört sich kitschig an und so, als hätte ich es mir ausgedacht, aber das stimmt nicht. Es ist prächtig und seltsam vertraut, als würde ich nach einer langen Reise wieder zu Hause willkommen geheißen. Nur dass das Land, in das ich zurückkehre ... nun, ich hatte vergessen, wie prachtvoll es ist. Alles wogt vor Energie. Ja, das trifft es ganz gut: Nichts ist materiell, alles Energie.

Joseph legt mir ein Buch in die Hände. Es ist nicht direkt ein Buch, aber nennen wir es für den Moment einmal so. Er legt es mir einfach in die Hände, und ich kann alles darin spüren. Das ist ein solches Privileg, ein so großes Geschenk. Ach was, Geschenk – es ist etwas viel Bedeutenderes.

Ich habe mich nie für besonders schlau gehalten, Annie. Im Gegenteil, einige der besten Lehrer, die ich hatte, versuchten mir sogar einzureden, dass ich dumm wäre. Aber dumm war ich bestimmt nicht. Ich habe mich nur nie angepasst. Sie haben versucht, mir ihre Weltsicht einzutrichtern, statt mich einfach leben und alles selbst herausfinden zu lassen.

Durch eine Lücke in einer dicken Wolkenschicht, die ich gerade erst unter uns wahrnehme, schaut Joseph herab. Da sitzt du an deinem Computer. Und ich bin mir sicher, dass wir das tun sollen, du und ich.

Verstehe. Unsere gemeinsame Reise macht dir manchmal Angst. Na ja, dein kürzlich verstorbener Bruder taucht auf, spricht mit dir, zeigt dir seine Welt und arrangiert Synchronizitäten in Form kleiner Indizien, um dir zu beweisen, dass das alles mit rechten Dingen zugeht – das kann schon verwirrend sein.

Warum das alles geschieht? Weil es geht. Wusstest du, dass Harry Houdini über Jahre versucht hat, Kontakt mit anderen Dimensionen zu bekommen, um die Existenz des Jenseits zu beweisen? Und obwohl er der größte Magier aller Zeiten war, gingen seine Bemühungen, Kontakt mit den Verstorbenen aufzunehmen beziehungsweise nach seinem Tod mit den Lebenden, alle ins Leere. Es fehlten ihm die nötigen Ingredienzien – der richtige Sender, der richtige Empfänger und die Erlaubnis der hiesigen Seite.

Ich weiß, du möchtest nicht für exzentrisch gehalten werden. Aber ich habe dir das ja schon einmal gesagt: Kümmere dich nicht darum, was andere von dir denken. Das ist auch ein wichtiges Geheimnis des Lebens. Mach dich unabhängig davon, was du »meinst«, dass andere es denken könnten. Du hast gemeint, du könntest dem Problem dadurch aus dem Weg gehen, dass du aus unserem Buch einen Roman machst, aber ich sage dir eins: Dies hier ist viel besser, weil alles wahr ist.

Mit diesem Buch in den Händen im saphirblauen Firmament zu stehen ist eine große Ehre. Ich wollte schon immer ein Buch schreiben. Das hast du nicht gewusst, stimmt's? Ich wollte ein wenig von der Weisheit weitergeben, die ich auf meinen Reisen gewonnen habe, wollte anderen helfen, sich mit der spirituellen Seite des Lebens zu verbinden. Aber nicht einmal in meinen wildesten Fantasien hätte ich mir vorstellen können, postum zum Schriftsteller zu werden. [Lacht.]

Und vergiss nicht, »Barnabas« zu googeln, den Namen, den ich dir heute früh nach dem Aufwachen genannt habe.

Ich war sprachlos. Zum ersten Mal hatte ich Splitter von Billys Welt sehen können, seine schillernde Robe, ein Flackern in Josephs blauen Augen. Eine Tausendstelsekunde lang hatte ich die blau-weiße Kugel wahrgenommen; und das gab mir kurz das Gefühl, dass nie mehr etwas würde schiefgehen können. Aber das Beste: Ich hatte Billys strahlendes Gesicht mit seinem allwissenden, abgeklärten Engelchen-Bengelchen-Ausdruck in den Augen gesehen, als er zu der Kugel hochschaute, als hätte er mit deren Erscheinen schon die ganze Zeit über gerechnet.

Ich googelte »Barnabas«. Im ersten Eintrag, auf den ich stieß, hieß es gleich am Anfang, St. Barnabas (1. Jahrhundert) habe eigentlich Joseph geheißen.

Joseph! Ich konnte nicht weiterlesen. Ich hatte erfahren, dass wir das Buch schreiben durften, hatte Billy zum ersten Mal tatsächlich gesehen und dann dieser Beweis mit Barnabas, der Joseph hieß – das alles war zu viel für mich.

Dass wir die Genehmigung hatten, das Buch zu schreiben – bedeutete das, dass ich jetzt verpflichtet war, aller Welt von Billy zu berichten? Wollte mich mein Bruder dadurch überzeugen, dass er mir das Gefühl gab, etwas ganz Besonderes zu sein, indem er sagte, selbst Houdini sei an dem gescheitert, was wir da taten? Ich wollte mich aber nicht dadurch auszeichnen, dass ich mit einem Toten sprach.

Mein Bruder war schließlich nicht der Einzige mit einer rebellischen Ader.

16 Die blau-weiße Kugel

Ich wusste, dass Billy nicht mehr direkt zu mir sprechen konnte. Seit er begonnen hatte, zum Universum zu werden, musste ich mich auf das blaue Licht konzentrieren, das morgens über meinem Bett erschien, anderenfalls konnte ich ihn nicht hören. Es war wie ein kosmischer Radioapparat – um eine Sendung empfangen zu können, musste ich ihn anstellen. Ich beschloss, das Licht zu ignorieren, wenigstens so lange, bis ich wusste, was ich als Nächstes tun wollte.

Tagelang tat ich so, als sähe ich das Licht über meinem Bett nicht. Dann trat ich eines Nachmittags durch die Haustür und war geschockt: Über mir sah ich Billy, eine blasse, transparente Gestalt, die wie eine Kumuluswolke dahintrieb. Er trug eine weiße Robe und las in einem großen Buch. Es hatte einen roten Ledereinband, genau wie das Notizbuch, das er mir geschenkt hatte. War das ein Fantasiegespinst oder nutzte Billy seinen neuen Körper, um meine Aufmerksamkeit zu erregen? Wer ihm das wohl erlaubt hatte? Egal, meinen verstorbenen Bruder zu ignorieren war jetzt keine Option mehr. Als ich am nächsten Morgen das blaue Licht wieder sah, stimmte ich mich darauf ein.

Danke, dass du dich endlich an den Computer gesetzt hast, um meine Worte aufzuschreiben. Warst du überrascht, als du mich gestern mit dem roten Notizbuch in der Hand am Him-

mel gesehen hast? Mein neuer Körper hat eben doch so einige Vorteile. [Lacht.]

Wie kann ich dir die blau-weiße Sphäre beschreiben? Stell dir vor, eure Sonne würde dir aus einer Höhe von etwa sechs Metern auf den Kopf brennen – so groß, dass der gesamte Himmel von ihr bedeckt wäre. Diese Sphäre besteht aber nicht aus Feuer, sondern aus Licht und ist auch nicht gelb. Vielmehr wird ihr weißer Kern saphirblau, wenn er herausstrahlt. Sie ist so stark, dass dein Fleisch binnen einer Nanosekunde verdunsten würde, wenn du ihr näher kämest. Da mein neuer Körper aber genau aus diesem Licht besteht, ist das für mich kein Problem.

Alle Lebewesen auf der Erde haben das Licht dieser Sphäre in sich. Deshalb heißt es in den spirituell ausgerichteten Philosophien auch, dass wir alle eins sind. Das Jenseits ist keine bloße Theorie. Ich sehe das blau-weiße Licht überall und in allem – in mir genauso wie in dir.

Dieses Licht bringt die Seele in den Körper und ist die unsichtbare Kraft, die das Leben erschafft. Und unmittelbar nach dem Tod katapultiert sie die Seele dann genau zum richtigen Zeitpunkt in den heilenden Raum.

Und genau wie ich wirst auch du eines Tages einen wunderbaren neuen Körper aus dem Licht der blau-weißen Sphäre bekommen. Dann wirst du dieses Licht nicht mehr in dir haben, sondern ein Teil von ihm sein. Dies geschieht, sobald du hier lebst, wo ich jetzt bin, in einem Reich, das keine Schatten kennt.

In deiner Welt, auf der Erde, die sich um die Sonne dreht, herrscht ein Gutteil der Zeit nichts als Schatten. Ohne ihn ist das Mysterium des Lebens auf eurem Planeten undenkbar. Es gibt kein Meer ohne Sturm, keine Erde ohne Beben, keinen Wind ohne Tornados. Auf der Erde geht die Helligkeit mit dem Dunklen einher. Ohne Licht kein Schatten ... es sei denn in der Mittagsstunde. Aber es kann nicht immer Mittag sein, Prinzessin. Und manchmal ... manchmal ist auch die Dunkelheit ganz in Ordnung. Denk an die Schätze, die sie birgt. Im Leben ist alles vorübergehend, also lass die Zeit nicht einfach verstreichen. Lass dich von den Momenten erfüllen – von denen, die du für gut hältst, genauso wie von den schlechten.

Vergiss nicht: Du hast das blau-weiße Licht stets in dir. Und dadurch, dass du dich tagtäglich daran erinnerst, nährst du es, sodass es wächst. Das Licht ist da, wenn das Leben Freude macht. Und desgleichen in Zeiten der Not.

Ich weiß, dass du oft Angst hast, irgendetwas könnte schiefgehen. Und das wird auch so sein. So ist das nun einmal auf der Erde. Wir alle dürfen unseren Schmerz haben. Aber der Schmerz ist ein Übergangszustand. Bei mir war es der Übergang in den Tod, in den Trost und die Liebe, die hier jedes Molekül meines Seins durchdringen. Wisse, dass der Schatten illusionär und vorübergehend ist. Die Glückseligkeit und das Licht dagegen sind von weitaus wahrhaftigerer und stärkerer Natur.

Wem könnte ich diese Geheimnisse anvertrauen, wenn nicht dir, mein Liebling? Wer, wenn nicht du, könnte mich auf meinen Reisen durch die jenseitigen Welten begleiten? Und wer schließlich könnte mir helfen, dieses Buch zu verfassen?

Nachdem ich all das aufgeschrieben hatte, zitterte ich beinah am ganzen Leib. Diesmal machte mich die Energie nicht euphorisch, sondern verstärkte nur den inneren Konflikt, in dem ich mich befand. Billy, Joseph und wer immer sonst noch in ihrer Dimension die Genehmigungen für solche Dinge erteilte, wollte mich zu etwas veranlassen, wozu ich nicht bereit war. Was aber, wenn ich mich weigerte, das Buch zu schreiben? Würde ich mich damit nicht über die Wünsche eines höheren Reiches hinwegsetzen? Und was für Folgen könnte das haben?

In der Hoffnung, meinen Bruder abermals am Himmel zu sehen, verließ ich das Haus, doch er war nicht da. Dann sprach ich ihn an. Es war eines der wenigen Male, dass ich mich laut an Billy wandte.

»Es tut mir leid«, sagte ich, »aber ich kann das nicht. Ich möchte dieses Buch nicht mit dir schreiben. Es macht mir Angst. Ich weiß nicht, warum, aber jedes Mal, wenn ich daran denke, dass es veröffentlicht wird, gerate ich in Panik. Wenn die Menschen erfahren sollten, was nach dem Tod geschieht, dann wäre es doch wohl längst kein so großes Mysterium mehr, stimmt's?« Ich war den Tränen nahe. »Es tut mir leid, dass ich dich enttäuschen muss. Ich liebe es, dich zu hören, dir zu lauschen, aber ich kann dieses Buch nicht schreiben. Doch besuch mich bitte trotzdem weiter.«

17 Quanten

Als ich am nächsten Morgen aufwachte, suchte ich die Zimmerdecke nach einer Spur des blauen Lichts ab, fand aber nichts. Weder an diesem Morgen noch am nächsten und auch nicht am Tag darauf. Um Billy zu einem Besuch bei mir zu bewegen, setzte ich mich kurz nach Sonnenaufgang an den Computer und schaute durch die Glastüren in den Himmel.

Knapp eine Woche später erschien Billy dort tatsächlich. Diesmal gab er das Engelchen-Bengelchen. Er hatte einen glitzernden Plastikheiligenschein, der aussah, als käme er aus dem Partybedarf, schief auf dem Kopf und einen übertrieben entrückten Gesichtsausdruck. Hin und wieder warf er einen Blick in das rote Notizbuch, das er in den Händen trug, und schaute dabei drein, als läse er das Interessanteste und Verblüffendste, was je geschrieben worden war. Genau so hatte mein Bruder auch zu Lebzeiten immer rumgealbert. Und obwohl mich sein Anblick an meiner Zurechnungsfähigkeit zweifeln ließ, freute ich mich sehr, dass er da war.

An den folgenden Tagen zeigte sich Billy öfter als Engelchen-Bengelchen, wenn ich mich außerhalb des Hauses aufhielt. Ich machte Besorgungen in der Stadt, sprach vielleicht mit einer Bekannten oder tankte – und da war er dann plötzlich und zog seine Nummer ab. Aber außer mir konnte ihn niemand sehen. Es war unser Geheimnis.

Als ich Billys blaues Licht drei oder vier Tage später beim Aufwachen über meinem Bett bemerkte, ging ich sofort an den Computer und stimmte mich ein.

Ich weiß, dein Zögern, unsere Schriften zu veröffentlichen, liegt unter anderem daran, dass du unsere Beziehung davor bewahren möchtest, dass sich die Leute darüber lustig machen, und dafür bin ich dir auch dankbar. Aber Schätzchen, zu beschützen gibt es doch eigentlich gar nichts, oder? Wir tun ja nichts anderes, als die Geschichte zu erzählen. Soll doch jeder für sich entscheiden, was er damit anfängt. Manche werden sie für wahr halten, andere werden sie mit einem »Vielleicht« quittieren, aber auch dieses »Vielleicht« ist schon ein großer Fortschritt gegenüber einem »Ist ja völlig unmöglich«.

Jeder auf Erden ist ewig, aber sie wissen es nicht. Vielleicht glauben sie irgendwie daran, aber sicher wissen tun sie es nicht. Das liegt daran, dass das Ganze einfach zu groß ist. Die Ewigkeit entzieht sich dem menschlichen Vorstellungsvermögen. Man kann irgendwie versuchen, sie sich auszumalen, aber da man sie nicht spürt, sagt der Verstand: »Klar, das ist eine tolle Geschichte, und vielleicht ist sogar etwas Wahres dran«, letztlich aber verweigert er sich allem, was er nicht versteht. Das liegt daran, dass man das alles nicht mit dem Verstand erfassen kann. Es ist viel größer und realer als der Verstand.

Nehmen wir zum Beispiel dich. Obwohl du selbst all diese Erfahrungen machst, akzeptierst du das Ganze trotzdem noch nicht so richtig, stimmt's? Und warum? Weil sich deine Erdverhaftung gegen die Tatsache auflehnt, dass ich aus einer anderen Sphäre heraus zu dir spreche. Schätzchen, hier geht es um mehr als nur ein Buch: Ich möchte dir und anderen helfen, euer Bewusstsein zu erweitern. Einen Quantensprung zu machen.

Was ich damit meine? Nun, lass mich dir Billys Version der Quantentheorie erklären – in ein paar ganz einfachen Schritten.

Was ist die geringste Entfernung zwischen zwei Punkten, der kürzeste Weg von A nach B? Eine gerade Linie? Nicht wirklich, weil du nämlich immer bereits an beiden Orten bist. Die Leute sagen stets, man könne nicht an zwei Orten gleichzeitig sein, aber da täuschen sie sich. Wo immer du hinwillst – du bist schon da. Und auch da, wo du nicht hinwillst [lacht], bist du schon. Die Quantenphysik verlangt von dir, dass du dich auf dein Ziel konzentrierst.

Und ein Quantensprung? Dahinter verbirgt sich nichts anderes, als dass ein Perspektivwechsel eine wirkmächtige Angelegenheit ist. Die Dinge werden durch die Art und Weise, wie man sie betrachtet, tatsächlich verändert. Bei Schrödingers Katze, dem Experiment, das du so spannend findest, geht es um Quantenmechanik. Im Prinzip postuliert es (gefällt dir dieses Wort?), dass die Beobachtung das Beobachtete verändert.

Schrödingers Katze – in Billys Version

Daddy mochte keine Katzen, er wollte partout nichts mit ihnen zu tun haben. Wenn er eine sah, erblickte er eine fiese Kreatur mit langen, scharfen Krallen. Siehst du dagegen eine Katze, öffnet sich dir der Himmel. Glaubst du, dass die Katze davon beeinflusst wird?

Die Quantenmechanik wird eigentlich auf subatomare Teilchen angewendet und nicht auf Menschen. Menschen aber sind im Grunde gewaltige Universen subatomarer Partikel.

Und manchmal veranlasst ein Perspektivwechsel diese Partikel, ihren Tanz zu verändern und in eine neue Wirklichkeit einzutreten. Deshalb sage ich, dass alles von der Sichtweise abhängt. Na ja, vielleicht nicht alles, aber doch vieles.

Ich habe jetzt tagelang am Himmel gestanden und ein Engelchen gemimt, damit du aufhörst, dich so ernst zu nehmen, und dich wieder an den Computer hockst, um zu schreiben. Für mich sind Tage eine Ewigkeit. Wow, Annie – die Ewigkeit! Denk mal darüber nach, Greta Garbo. Wobei ich übrigens nicht vom ewigen Leben auf Erden spreche [lacht], das ist eine ganz andere Geschichte.

Wenn du einen Quantensprung machen möchtest, bau mit mir an einer Brücke, die deine Welt und die meine verbindet. Geh das Risiko ein. Verändere deine Haltung, was das Schreiben dieses Buches betrifft, und komm mit mir auf die Reise. Denn wenn du der Beschränktheit deines Verstandes entfliehen und in meiner Dimension leben könntest, wenn du diesen Tanz mit mir tanzen könntest, würdest du etwas erleben, wovon du bislang noch gar keine Vorstellung hast, etwas, in das du allerhöchstens den kleinen Zeh getaucht hast. Lass uns doch versuchen, dass es nicht bei den Zehen bleibt. Lass uns zusehen, dass du bis zu den Fußgelenken reingehst, dann bis zu den Knien, den Oberschenkeln, zur Taille. Lassen wir dich nach und nach ganz in das Meer deiner Göttlichen Essenz eintauchen.

Billy tat genau das, was er auch zu Lebzeiten immer getan hatte: Er setzte seinen Humor und seinen ganzen Charme ein, um sein Ziel zu erreichen. Seine alberne Engelsimitation hatte mich tatsächlich dazu gebracht, das Buchschreiben nicht mehr allzu ernst zu nehmen. Dadurch, dass er sich als Böser-Bube-Engel am Himmel dahintreiben ließ, hatte mir Billy gesagt: »Ach, komm, ist doch keine große Sache! Mach dir keinen Kopf, komm lieber raus spielen.«

Seit Billys Tod hatte ich mich mehr und mehr isoliert. Der Anrufbeantworter war ständig an, und ich ging nur an den Apparat, wenn Freunde dran waren, die von Billy wussten. Bei allen anderen hatte ich keine Ahnung, wie ich mich normal verhalten sollte, wo sich für mich doch überhaupt nichts mehr normal *anfühlte*. Ich erfand Ausreden, um mich nicht mit Leuten treffen zu müssen. Mein Universum mochte sich vergrößert haben, meine materielle Welt dagegen war definitiv geschrumpft. Die Erfahrungen mit Billy kosteten mich Federn.

Nach dem Ende des Diktats lud mich Billy in die Bucht ein. Seit ich ihn nicht mehr nur hören, sondern auch sehen konnte, war er für mich fast so etwas wie ein guter Nachbar geworden.

Es war ein warmer, recht windiger Tag. Ich zog mir einen roten Badeanzug an, den ich seit Jahren nicht mehr getragen hatte, und ging die Stufen hinab, die zum Wasser führen. Sobald ich am Strand angekommen war, stand unverkennbar Billy am Himmel. Er befand sich wieder im Engelmodus, licht und in weißer Robe, so durchscheinend, dass er kaum mehr sichtbar war. Mein Bruder hob die Arme und ließ Segnungen auf mich herabregnen. Dabei sagte er immer wieder:

Die Welt ist deine Auster
Die Welt ist deine Auster
Du bist die Perle
Und die Auster

Allenthalben funkelte es silbern. Und obwohl ich eine Sonnenbrille trug, hatte ich das Gefühl, ich könnte erblinden, so hell war es. Mit halb zugekniffenen Augen wagte ich mich vorsichtig über die Kiesel ins ruhige, warme Wasser der Bucht. Ich ließ mich auf dem Rücken treiben und flüsterte mein neues Mantra vor mich hin: »Ich bin die Perle und die Auster.«

Wieder zu Hause fand ich eine Zeitschrift im Briefkasten und schlug sie auf. Die erste Seite zeigte eine Anzeige, in der sich eine Blondine in einem goldfarbenen Abendkleid auf dem Boden einer Austernbar räkelte. Rings um sie herum lagen haufenweise leere Austernschalen. Entkräftet schaute die Frau auf etwas, was sie zwischen den Fingern hielt. Als ich genauer hinschaute, bemerkte ich, dass es sich um eine überdimensionierte schimmernde Perle handelte.

18 Die Suprawelt

Am Tag nachdem mir Billy die Perle-in-der-Auster-Segnung hatte zukommen lassen, fühlte ich mich morgens beim Aufwachen wie verkatert. Wenn die Energie von Billys Welt sehr stark war, machte sie mir Angst. Wobei ich nicht direkt vor der Energie Angst hatte. Vielmehr fürchtete ich mich vor dem Absturz, der sich einstellte, nachdem ich zwischen seiner Welt und meiner hin- und hergereist war.

Viele Menschen, die eine Nahtoderfahrung gemacht haben, berichten, sie hätten eigentlich gar nicht in unsere Welt zurückkehren mögen, weil sie sich in der jenseitigen bedeutend besser gefühlt hätten. Wenn Billy mich besucht, bin ich wie in eine höhere Atmosphäre gehüllt. Doch im Unterschied zu meinem Bruder muss ich, sobald er zu Ende gesprochen hat, auf die Erde zurückkehren, und das fällt mir nicht eben leicht. Billy strahlt vor Glückseligkeit, ich bin erkältet. Er trägt heilige Roben, ich mache die Wäsche. Er lässt sich treiben und wird zum Universum, ich stecke im Stau. Ich bin unruhig. Die Zeit rast dahin, und ich weiß immer noch nicht, was ich mit meinem Leben anfangen soll. Billy dagegen lebt jenseits der Zeit, wo die Momente ineinanderfließen, und muss nie überlegen, was er als Nächstes macht.

Er ließ mich wissen, dass er verstand, was ich durchmachte.

Jedes Mal, wenn du die Präsenz meiner Welt besonders intensiv erlebst, bekommst du Angst, dass dir etwas zustoßen könnte. Aber mach dir keine Sorgen. Das Licht aus meiner Welt schadet dir nicht, Prinzessin.

Es gibt viele Welten, und das Jenseits hat viele Formen. Wo man hingeht, wem man begegnet und wo, ist jeweils unterschiedlich. Unser Vater zum Beispiel: Nach dem heilenden Raum trieb er nicht durchs Universum wie ich. Vielmehr legte er auf seiner Reise mit dem kosmischen Aufzug einen Zwischenstopp ein und landete an einem Ort, der den Vorstellungen der Menschen vom Himmelreich mehr entspricht. Nennen wir ihn die Suprawelt.

Die Suprawelt kommt einem sehr entgegen. Alles ist dort so angelegt, dass es den Seelen der kürzlich Verstorbenen zum Trost gereicht. In dieser Welt lernen sie zum Beispiel, bestimmte Ängste loszulassen – die Angst vor dem Tod, davor, keinen Körper mehr zu haben, Angst vor Bestrafung. Und die meisten unlängst Verstorbenen wünschen sich sehr, die Menschen wiederzusehen, die sie zu Lebzeiten geliebt haben. Genau das findet in der Suprawelt statt.

Angst vor dem Tod hatte Daddy nicht, aber er freute sich wirklich von Herzen darauf, seine Eltern sowie seine drei Brüder wiederzusehen, die alle vor ihm gegangen waren. Als er dem Krebs in seinen letzten Lebensmonaten nichts mehr entgegenzusetzen hatte, sagte er zu dir, seine Mutter und sein Vater seien ganz in der Nähe und würden ihm trotz seiner Schmerzen den Übergang erleichtern. Sie waren für ihn genauso real, wie ich es jetzt für dich bin.

Als er gestorben war, sah Daddy seine Eltern und seine Brüder genau so wieder, wie er es sich viele Male vorgestellt hatte. Wenn man seine Frau beziehungsweise seinen Mann, Verwandte, Freunde oder auch Haustiere wiedertrifft (ja, du kannst allen deinen Katzen noch einmal begegnen), ist alles viel liebevoller als auf der Erde. Ich weiß, das hört sich idealisiert an. Ist es auch. Was daran liegt, dass die Suprawelt auf den Ideen der Menschen beruht.

Ob der Mensch in der Suprawelt warten muss, bis alle, die ihn wiedersehen möchten, gestorben sind, bevor er weiterziehen kann? Nein, das ist nicht nötig. Du musst verstehen: Nach dem Tod kannst du dich an mehreren Orten gleichzeitig aufhalten.

Und obwohl ich selbst nicht in der Suprawelt war, werde ich Mommy nach ihrem Tod dort treffen und ihr all die Liebe geben, die sie sich immer von mir gewünscht hat. Von der höheren Warte aus, auf der ich mich hier befinde, kann ich ohne Weiteres alle niederen Ebenen besuchen, sodass Mommy von einem der Suprawelt angepassten Billy empfangen werden wird. Dieses Besuchsphänomen müsstest du dir eigentlich gut vorstellen können. Schließlich bin ich Hunderte von Lichtjahren entfernt und kann dich trotzdem besuchen – stimmt's?

Abgesehen von den Wiederbegegnungen ist die Suprawelt auch der Ort, an dem sich die Überzeugungen vom Sterben totlaufen, die die frisch Dahingeschiedenen zu Lebzeiten hatten. Es ist wie eine Garnrolle, die sich abspult. In dem Maße, in dem die Überzeugungen abnehmen, wird die Rolle dünner. Zuerst ist das Todesdrama der Suprawelt mit seinen Engeln, Himmelspforten und was weiß ich allem noch sehr zufriedenstellend. Doch je vertrauter dem Menschen die neue Atmosphäre wird, desto mehr verlieren diese Ideen für ihn an Anziehungskraft. Mit Überzeugungen ist es wie mit Spielsachen. Wenn man erwachsen wird, faszinieren sie einen nicht mehr, und man rangiert sie aus.

Auf der Erde sind Überzeugungen eine Riesensache. Die Menschen sammeln sie geradezu. Wobei manche dieser Über-

zeugungen durchaus hilfreich sind; andere aber dienen nur dazu, dass man krampfhaft versucht, nach den Regeln zu spielen, die andere aufgestellt haben. Da ist nicht viel Persönliches dran. Deshalb ist es gut, seine Überzeugungen immer wieder mal zu überprüfen und diejenigen auszusortieren, die einem nicht mehr dienlich sind.

Jeder Verstorbene verlässt die Suprawelt irgendwann, um sich sein Hologramm anzuschauen, das auf den virtuell vergrößerten Bildschirm des Universums projiziert wird. Aber die Toten betrachten es nicht mehr mit Menschenaugen, nicht mehr durch die Linse von Gut und Böse wie zuvor auf der Erde. Sobald man bereit ist, sein Leben Revue passieren zu lassen, hat man sich schon von vielen menschlichen Vorstellungen gelöst und sieht alles durch eine göttlich eingefärbte Brille. Die Menschen nehmen die Großartigkeit ihres Lebens gewöhnlich nicht wahr, solange sie noch mittendrin sind, sondern verstricken sich in alle möglichen Ideen und verlieren so den Blick für das Wunder, das ihr Leben ist.

Ich hatte eigentlich nie Angst vor dem Tod. Und als es dann so weit war, gab es auch niemand Bestimmten, den ich wiedersehen wollte. Zudem hatte ich auch keine größeren Überzeugungen, seien sie spiritueller oder sonstiger Natur. In meinen letzten Jahren auf Erden hatte ich alles verloren außer meiner Sehnsucht nach Gott und dem Gefühl, dass mich nach dem Tod etwas enorm Großes erwarten würde. Deshalb wohl habe ich die Suprawelt übersprungen. Es ist da wirklich ganz nett, aber längst nicht so beseligend wie da, wo ich hingegangen bin. Darauf müssen die meisten Menschen erst vorbereitet werden. Ich nicht. Ich war sofort bereit für die Ekstase.

Warum ich mich für meinen speziellen Lebensweg auf der Erde entschieden habe, entzieht sich dem menschlichen Ver-

ständnis. Warum sollte jemand ausgerechnet diesen Weg einschlagen? Nun, für mich gehörte das Drama meiner Drogenabhängigkeit zu den interessantesten Seiten meines Lebens. Es war ein sehr wichtiger Kampf. Und dass ich ihn verloren habe, hat mich auf einen großen Sieg vorbereitet. Damals konnte ich es noch nicht wissen, aber meine Tortur auf Erden erhöhte meine Bereitschaft für das, was danach kommen sollte.

Du musst verstehen: Nach der Sichtung ihres Hologramms kommt für die meisten nicht die Universumswerdung, aber das ist völlig in Ordnung für sie. Es läuft hier nicht so wie auf der Erde. Hier möchte keiner irgendwo anders hin als an den Ort, zu dem er ohnehin unterwegs ist. Manche Seelen kehren zu eurem Planeten zurück, um sich dort zu reinkarnieren, andere suchen Orte im Jenseits auf, an denen sie sich weiterentwickeln und auf die Erfahrung der Universumswerdung vorbereiten können. Die kann man nämlich erst ertragen, wenn man bereit ist dafür.

Ich war ein unheilbar Drogenabhängiger, der nicht einmal in der Lage war, für seinen Lebensunterhalt zu sorgen. Und wer hätte gedacht, dass ausgerechnet ich bereit sein würde, zum Universum zu werden? Na ja, das zeigt einfach nur, dass man sich kein Urteil über das Leben eines Menschen erlauben sollte – auch nicht über das eigene.

In schweren Zeiten ist man manchmal gezwungenermaßen ganz allein, und das bereitet einen darauf vor, zum Universum zu werden. Natürlich würde ich niemandem empfehlen, meinen Weg einzuschlagen. Mit Sicherheit nicht! Wozu ich aber rate, ist, die Dinge mit den eigenen Augen zu betrachten und nicht durch die Brille von anderen. Gestalte dein Leben so interessant wie irgend möglich. Sei risikobereit. Lass dich von deinen Träumen leiten.

Vielleicht geben dir diese Seiten einen ersten Vorgeschmack von den vielen Welten und unerschöpflichen Möglichkeiten, die vor dir liegen. Vielleicht gehst du zunächst spielerisch mit der Idee um, dass du deiner Natur nach ewig bist. Dass es tatsächlich ein Leben nach dem Tod gibt. Dieses ist womöglich anders, als du es dir vorgestellt hast, dabei aber viel großartiger und herrlicher, als du es je für möglich gehalten hättest.

Nach dem morgendlichen Diktat fuhr ich ans Meer. Es war ein schöner Sommermorgen, der Himmel strahlend klar, nur mit wenigen Wölkchen durchsetzt. Als ich am Wasser entlangging, wurde ich von einer sanften Brise erfasst und stellte Billy zum ersten Mal vor eine Herausforderung.

»Gib mir jetzt ein Zeichen, und zwar sofort.«

Genau in diesem Moment kam Mitzi, meine Hündin aus Kindertagen und das schönste Geschenk, das mir mein Vater je gemacht hatte, mit fröhlich wedelndem Schwanz den Strand entlang auf mich zugerannt wie eine enge Freundin. Na gut, es war nicht direkt Mitzi, aber ein exaktes Ebenbild von ihr: gleiche Größe, gleiches helles Fell, gleiche Mischung aus Foxterrier und Beagle, die gleichen beseelten Augen mit den dicken weißen Wimpern. Als ich mich zu ihr herunterbeugte, um sie zu streicheln, leckte sie mir das Gesicht. Und wenn ihr Besitzer nicht aufgetaucht wäre, hätte ich sie auf der Stelle mit nach Hause genommen.

Ich hatte mein Zeichen erhalten.

Als ich nach Hause kam, rief ich zum vierten Mal den Mercedes-Händler an. Er versprach ganz fest, mir die Sachen aus Billys zerbeultem Wagen umgehend zuzuschicken. Na ja, wer's glaubt …

19 Die Sage von der Perle und der Auster

Mitten in der Nacht wurde ich von einem sommerlichen Unwetter geweckt. Der Wind fegte durch die Bäume wie in den Tagen nach Billys Tod. Ich konnte nicht wieder einschlafen und dachte darüber nach, wie sehr ich mich seither verändert hatte. Jetzt, da ich an die Existenz anderer Dimensionen glaubte, würde ich das Leben, mich selbst, den Kosmos und so ziemlich alles andere auch nie mehr mit denselben Augen ansehen können wie früher.

Bald drang Billys Stimme durch den Wind.

Hallo und ich liebe dich

Die Welt ist deine Auster
Die Welt ist deine Auster
Und in der Schale der Auster
Wirst du viele Perlen finden
Perlen der Weisheit, die du allen Geschöpfen zuwerfen wirst
Vor deinen Wagen spanne ich
Siebzehn Schimmel
Wunderschöne Pferde
In güldenem Gewand

Als ich dir gegenüber zum ersten Mal erwähnte, dass deine Welt eine Auster ist, hörte sich das ziemlich gut an, stimmt's?

So, als würden dir all diese prachtvollen Perlen einfach so zufallen. Aber die Sage von der Auster und der Perle ist komplexer, als es den Anschein hat. Denn eine Perle kann nur entstehen, wenn ein Sandkorn in die Auster eindringt und es zu einer Reizung kommt.

Die Welt ist meine Auster? Voller Reizungen? Was soll das denn für eine Segnung sein?

Ich kann nichts dafür, Prinzessin. Ich weiß. Du würdest dich lieber durchs Leben trällern, alles ganz easy, als dich mit einer sandigen Auster aufzuhalten. [Lacht.] Soll ich dir Billys Rezept zur Herstellung einer Perle verraten? Würde dir das gefallen?

Ja, ich weiß, so eine Reizung fühlt sich nicht gut an. Aber ohne sie gäbe es keine Perle. Konzentrier dich nicht allzu sehr auf die Reizung. Versuch dich zu entspannen, was den Sand angeht. Wenn du kreativ mit ihm umgehst, ist er ein kostbarer Schatz.

Um eine Perle hervorzubringen, braucht deine Auster eine starke Schale, die dich vor Hunderten von Millionen Reizmitteln in deiner Umgebung schützt und dir hilft, ein Sandkorn vom anderen zu unterscheiden. Du weißt, aus welchem eine Perle werden kann und welches es nicht wert ist, sich von ihm reizen zu lassen.

Wenn du eine echt schlaue Auster mit einer Eins-a-Schale wirst, kannst du viel unbekümmerter leben, weil du dich dann nämlich nicht mehr so viel um den Sand scheren musst.

»Ach, der Sand schon wieder. So ist es immer, wenn ich mir einen ordentlichen Schluck aus dem Meer gönne. Den Großteil spucke ich wieder aus und um den Rest mache ich mir keine größeren Sorgen.«

Und warum musst du dir keine größeren Sorgen machen? Hast du dir in letzter Zeit einmal eine Auster von innen angeschaut? Sie ist weich, fruchtbar und ungeformt. Das Innere der Auster ist dein kreativer Funke, dein Labor zur Herstellung von Perlen. In Laboratorien arbeiten kluge Leute, stimmt's? Nun, da du das Universum bist, wird dein Labor von niemand anderem als der Universellen Intelligenz geführt.

Dieselbe Intelligenz, die aus Keimlingen Bäume wachsen und die Vögel fliegen lässt, die das Wogen des Meeres erzeugt und neue Sterne gebärt – genau diese Intelligenz ist es, die dich beatmet, die dein Herz schlagen lässt und deine Wunden heilt.

Wie ich behaupten kann, dass du das Universum bist? Weil ich so klein geworden bin wie das kleinste Quantenteilchen und so groß wie die Menge der Galaxien im Weltraum. Aber im Grunde war ich schon immer so. Ich wusste es nur nicht. Und mit allen anderen verhält es sich genauso.

Schau dir Bilder aus dem Universum an. Dann schließ die Augen und stell dir all diese Sterne, Wolken, Kometen und Galaxien in dir und um dich herum vor.

Wenn du deine Aufmerksamkeit auf das Grenzenlose richtest, die Sonne, den Mond und die Sterne, ist die Reizung keine große Sache. Und wenn du dir das Unendliche vorstellst, wirst du von deinem eigenen unendlichen Selbst berührt.

Als ich meine E-Mails an diesem Morgen abrief, stellte ich fest, dass mir Guru Guy einen Link zu Fotos geschickt hatte, die mit dem Hubble-Teleskop gemacht worden waren. Jetzt hatte ich das atemberaubende Universum direkt vor mir auf dem Bildschirm meines Computers, Katzenaugennebel, Ringgalaxien, die Geburt von Sternen. Der Link war mir genau zum richtigen Zeitpunkt zugespielt worden, völlig ohne mein Zutun.

Am nächsten Morgen machte ich mich – wie seit Billys Tod jede Woche – in aller Frühe auf die dreistündige Reise zur Wohnung meiner Mutter in Brooklyn. Unterwegs teilte mir mein Bruder mit, dass etwas Gutes passieren würde. Darüber freute ich mich sehr, denn der Anblick meiner früher so resoluten achtzigjährigen Mutter, die jetzt nur noch ein Schatten ihrer selbst war, brach mir jedes Mal beinahe das Herz.

In den ersten vier Wochen nach Billys Tod hatte meine Mutter praktisch gar nicht mehr aufgehört zu weinen. Dann stopften die Ärzte sie so mit Antidepressiva voll, dass sie selbst mehr tot als lebendig wirkte. Sie schleppte sich im Bademantel durch die Wohnung, ging nicht mehr zum Friseur, schminkte sich nicht mehr und ließ sich die Nägel nicht mehr machen. Zum ersten Mal in ihrem Leben verhielt sie sich wie eine alte Frau.

Bald darauf fing meine Mutter an, stapelweise Bücher über den Tod zu verschlingen. In dem, was sie las, als ich an diesem Tag bei ihr eintraf, ging es darum, dass Menschen ihre Seele verlieren als Strafe dafür, dass sie »böse« waren.

»Wo mag er nur sein?«, schluchzte sie in meinen Armen. »Wo ist mein kleiner Junge? Ob er seine Seele wohl auch verloren hat?«

»Nein, Mom. Billys Seele geht es gut. Wenn ich dich davon doch nur überzeugen könnte.«

»Mir war nie klar, wie sehr ich ihn geliebt habe«, sagte sie. »Ich dachte immer, dass ich dich mehr liebe als ihn, aber das stimmt gar nicht. Ihn habe ich genauso sehr geliebt. Und das wird er nun nie erfahren.«

»Mach dir keine Sorgen. Du wirst ihn bald wiedersehen. Und dann kannst du ihm alles erzählen.«

Meine Worte entlockten ihr ein Lächeln.

Ich kämmte sie, cremte ihr das Gesicht ein, legte ihr einen Hauch Lippenstift auf und half ihr beim Anziehen. »Es ist so ein schöner Sonnentag«, sagte ich. »Lass uns einen Spaziergang am Fluss machen.« Als wir Arm in Arm die Promenade entlangschlenderten, reflektierte der Hudson die Sonnenstrahlen.

»Ich brauch mal deinen Rat, Mom. Mein Leben ist mir immer noch ein reines Rätsel. Aber du hast doch in deinen vielen Lebensjahren so vieles erfahren und gelernt. Kannst du mir nicht irgendeine kluge Empfehlung geben?« Damit, dass ich sie um Rat bat, wollte ich an ihre Intelligenz appellieren.

»Komisch. Ich wusste genau, dass du mich das heute fragen würdest. Und mir war auch gleich klar, welche Antwort ich dir geben würde. Ich habe gerade ein Buch über eine chinesische Mutter und ihre Tochter gelesen. *Verstreute Perlen* hieß es, glaube ich. Kurz bevor die Tochter nach Amerika auswanderte, sagte die Mutter zu ihr: Mit welchen Schwierigkeiten sie es auch zu tun bekommen würde, sie solle sich als Sand in einer Auster vorstellen und wunderschöne Perlen daraus machen. Und genau das, Liebes, wünsche ich mir auch für dich: dass du alles, was hart und beschwerlich ist, in Perlen verwandelst.«

Ich musste lachen und sagte: »Du wirst es nicht glauben, aber in deiner Wohnung liegt etwas, was ich dir zeigen wollte.«

Ich hatte meiner Mutter schon oft von den Besuchen meines Bruders erzählt, aber sie war nicht bereit, etwas von dem zu lesen oder sich anzuhören, was er mir gesagt hatte. Bestimmt dachte sie, ich hätte mich da in irgendeinem Billy-Fantasieland verschanzt, das die schlimme Wahrheit seines Todes nur noch schmerzlicher machte. Das konnte ich sogar verstehen, jetzt aber hatte ich das Gefühl, dass sie zugänglicher sein würde als sonst.

Als wir wieder in ihrer Wohnung waren, las ich ihr Billys Bemerkungen über die Perle und die Auster vor. Meine Mutter runzelte die Stirn und schwieg einen Moment lang. Dann brach sie in Lachen aus.

»Die ganze Zeit über habe ich nur im Spaß so getan, als würde ich es dir abkaufen, dass Billy mit dir spricht. Aber jetzt ... meine Güte, jetzt *muss* ich es glauben.«

Meine Mutter öffnete ihr türkisfarbenes Schmuckkästchen und entnahm ihm eine rosa Perlenkette, um sie mir zu überreichen. »Wieso warten, bis ich nicht mehr bin? So kann ich wenigstens noch sehen, dass du sie trägst.«

Nach diesem Besuch begann sich Mommys Schwermut allmählich zu legen. Sie verriet mir, dass sie morgens beim Aufwachen manchmal das Gefühl hatte, Billys Geist zu spüren, der sie heilte und tröstete.

»Billy zu verlieren war das Schmerzvollste, was ich je erlebt habe«, sagte meine Mutter. »Aber es war Gottes Wille, dass ich ihn kenne und liebe, da bin ich mir ganz sicher.«

20   Das Buch des Lebens

An einem verträumten Morgen Mitte August, kurz vor Sonnenaufgang ...

Was für ein schöner Tag. Warum steckst du nicht dein rotes Notizbuch ein und kommst mit mir an den Strand?

Als ich dort angekommen war, wichen die rosé- und orangefarbenen Schlieren am Himmel Billys in Weiß gehüllter ätherischer Pracht.

Dort, wo du bist, Schwesterherz, ist heute ein schöner Tag. Hier sind alle Tage schön, wobei es hier eigentlich gar keine Tage und Nächte gibt. Aber ich vermisse sie nicht. Überhaupt nichts vermisse ich.

Schon gar nicht die Sorge um mein Aussehen. Hier sehe ich eben so aus, wie ich aussehe, und das ist großartig. Hier muss man sich nicht anstrengen oder so tun, als wäre man jemand anders. Ich strahle einfach, völlig mühelos. Da ich ganz aus Licht bestehe, habe ich weder Organe noch Blut oder sonst irgendetwas. Keine Knieprobleme, keine Leberprobleme, keine Probleme mit Drogen oder dem Gewicht. Ein Zuhause habe ich auch nicht, abgesehen von meinem Lichtkörper.

Manchmal verlasse ich ihn und werde wieder zum Universum. Ich lasse los und vermische mich erneut etwas mit dem kosmischen Energiefeld. Man könnte das wohl mit dem

Schlaf auf der Erde vergleichen, denn in beiden Fällen geht es ums Loslassen. Aber der Vergleich hinkt natürlich, weil die Universumswerdung reine Ekstase ist, und der Schlaf kann so sein oder so.

Auf der Erde braucht man Tag und Nacht, Schlafen und Wachsein, Geburt und Tod. Man braucht das Wissen, dass der heutige Tag schwierig sein mag, dass aber vielleicht schon morgen alles wieder gut wird. Eventuell hat man den Tag in den Sand gesetzt – oder auch umgekehrt –, aber dann kann man sich schlafen legen und hat am nächsten Morgen das Gefühl, ganz neu anfangen zu können.

Genau wie der Schlaf ermöglicht einem auch der Tod einen Neuanfang. Wir sehen das normalerweise anders, aber genau so verhält es sich: Der Tod ist der Anfang von etwas Neuem. Keiner unserer sogenannten Fehler spielt jetzt noch irgendeine Rolle, denn es ergibt sich ja eine neue Chance – sogar ein ganz neues Leben –, die man nutzen und etwas ganz anderes versuchen kann. Und mach dir keine Sorgen. Diese sogenannten Fehler sind vollkommen in Ordnung. Sie gehören einfach mit dazu.

Nach dem Tod ist im Grunde alles viel lebendiger. Nimm zum Beispiel mein Buch des Lebens, das mir Joseph gegeben hat, der umwerfende Mann mit dem silbrigen Haar, dem ich unter der blau-weißen Kugel begegnet bin. Also ... ich spreche zwar von einem Buch, aber es hat weder Seiten noch Buchstaben. Es ist mehr wie ein oszillierender Regenbogen. »Buch« sage ich aber, weil es sich um eine Sammlung von Informationen handelt. Außerdem hört sich »Buch des Lebens« irgendwie nett an, finde ich.

Bevor eine Seele auf die Erde kommt, wird ihre persönliche Ausgabe des Buches des Lebens geschrieben. Auf eurem Planeten dreht sich alles um Dramen, die den Menschen ver-

ändern. Findest du es nicht auch komisch, dass die meisten so viel Angst vor Veränderungen haben, wo doch gerade der Wandel die Karamellglasur auf dem Kuchen des Lebens ist?

Und obwohl vieles im Vorhinein geplant wurde, lässt dieser Plan doch auch sehr viel Freiheit. Die Lebensumstände sind wie die Linien in einem Malbuch. Allerdings wurden sie mit Bleistift eingezeichnet und nicht mit Druckerschwärze – sie lassen sich also ausradieren. Und beim Ausmalen der Konturen nimmst du auch Einfluss auf die Linien.

Die Lektüre meines Buchs des Lebens ist ganz anders als das Anschauen des Hologramms, bei dem ja nichts analysiert wurde. Jetzt dagegen schauen Joseph und ich, inwiefern mein Leben von den Farben gestaltet wurde, die ich fürs Ausmalen verwendet habe.

Joseph schaut aus wie ein Mensch, aber genau wie ich besteht auch er aus Licht. Ich glaube übrigens nicht, dass es sich bei ihm um die Inkarnation eines der Höheren Wesen handelt, von denen ich schon öfter gesprochen habe. Eher habe ich das Gefühl, dass er unter dem Schirm ihres Wohlwollens arbeitet. Joseph sieht besser aus als der bestaussehende Schauspieler, den du je gesehen hast. Erfahrung und Güte sind ihm direkt ins Gesicht geschrieben. Er nimmt nichts bierernst, alles an ihm ist fröhlich und weise. Da ich außer ihm bislang noch keinen der Hiesigen getroffen habe, kann ich nicht sagen, ob alle die gleiche Haltung an den Tag legen wie er. Aber eines kann ich sagen: Für mich ist Josephs Sicht der Dinge perfekt.

Und obwohl er so viel mehr weiß als ich, stellt er keinerlei Regeln auf und äußert zu nichts seine Meinung, ohne dass ich ihn darum gebeten hätte. Er dominiert mich in keiner Weise, und das ist wunderbar. Auf der Erde strömen so viele

Einflüsse auf einen ein, dass man kaum dazu kommt, sein eigenes Leben zu führen. Nach dem Tod ist das anders.

Was Joseph genau tut? Das Beste ist, dass er mich bedingungslos liebt. Auf der Erde wird viel über bedingungslose Liebe geredet. Wie stark sie aber sein kann, versteht man erst, wenn man einmal auf diese Weise geliebt wurde. Bedingungslosigkeit geht weit über Akzeptanz hinaus, denn Akzeptanz impliziert ja, dass du Teile von mir liebst, andere aber nicht und mich trotzdem akzeptierst. Für Joseph dagegen ist alles an mir außergewöhnlich. Was für eine Erfahrung!

Die Wahl meiner Lebensumstände auf der Erde war gar nicht mal schlecht! Nicht, dass sie einfach gewesen wären, das nicht. Aber vieles in meinem Leben hat mich auf diesen neuen Job vorbereitet – den, zusammen mit dir das Buch zu schreiben. Anderen zu helfen ist schwer, wenn man ihre Frustrationen, ihre Enttäuschungen, Ängste, Wünsche und ihre Großartigkeit nicht versteht. Man kann nicht in die Schuhe eines anderen schlüpfen, bevor man sich nicht eine Weile an der Stelle aufgehalten hat, an der sie standen.

Ich habe zu Lebzeiten an vielen Stellen gestanden, viele verschiedene Rollen gespielt: den Junkie, den Philosophen, den Heiler, den Ganoven, den Gutmenschen, den Bösen und – nicht zu vergessen – meine Lieblingsrolle, das Engelchen-Bengelchen. Damit will ich keineswegs auch nur im Entferntesten behaupten, ich sei ein Heiliger gewesen, das bestimmt nicht. Ich will nur sagen, dass bei allem Unkonventionellen, ja gar Kriminellen, was ich getan habe, meine Seele und mein Herz stets etwas Wundervolles angestrebt haben.

Anderen zu helfen war mir immer das Liebste. Und ich hatte zwar keinen Highschool-Abschluss, konnte mich aber von klein auf ausdrücken und habe es immer gut gemeint. In meinen besten Zeiten habe ich mich darauf besonnen. Erinnerst du dich noch an die Drogenberatung für Jugendliche, die ich mal geleitet habe? Ich liebte die Kinder da, und das wussten sie auch.

Danach durfte ich in meinem absoluten Lieblingsjob meine rechtspflegerischen Ambitionen ausleben: als Vertrauensmann für Leute, die wegen eines Drogendelikts in New York vor Gericht standen. Ich vertrat die Interessen dieser Menschen und versuchte die Richter davon zu überzeugen, sie in eine Suchtklinik zu schicken statt in den Knast. Aber das war natürlich, bevor ich selbst eingefahren bin. [Lacht.]

Es ist mir eine Ehre, dass mein Buch des Lebens auch die Texte von mir enthält, die jetzt in deiner Obhut liegen. Wie du dir wahrscheinlich schon gedacht hast, bin ich mittlerweile wieder zu einer Art hilfreicher Seele geworden. Ich hoffe, dass den Menschen anhand dieser Zeilen klar wird, dass sie nicht allein sind. Zudem hoffe ich, dass sie ihre Unsterblichkeit spüren, und sei es nur für den Bruchteil einer Sekunde, damit sie ein wenig von ihrer Angst vor dem Tod verlieren. Denn dann wird nicht nur ihr Sterben viel besser, sondern auch ihr Leben.

Ach ja, habe ich schon erwähnt, dass diesen Zeilen Licht innewohnt?

Ich werde dir heute übrigens noch einen Stern schicken.

Billys Strahlen versetzte mich in eine so friedvolle Stimmung, dass ich noch lange am Strand sitzen blieb, völlig sorglos, und in den Himmel nach dem Stern Ausschau hielt, den mir mein Bruder versprochen hatte. Das Meer, der Sand und die Möwen funkelten fast unmerklich im Licht des Göttlichen.

Als ich am Nachmittag nach New York reinfuhr, um mir die Haare färben zu lassen, dachte ich an die verschiedenen Rollen, die mein Bruder im Leben gespielt hatte. Die des Billy Fingers mochte ich am wenigsten. Schon allein der Name war mir verhasst. Er machte mir Angst. Weil er mich an dubiose Deals, Gefängnis, Waffen und den Tod auf der Straße erinnerte.

»Was bist du eigentlich, Billy?«, fragte ich. »Gangster, Taschendieb, Buchmacher?«

Ich hatte mir oft gewünscht, dass Billy ein anderer gewesen wäre – Professor, Autor oder Geschäftsmann – und nicht ausgerechnet jemand, dessen höchstes Vergnügen ein Drogenrausch war. Manchmal habe ich mich sogar für ihn geschämt. Wie zum Beispiel in der Highschool, als der Bruder einer meiner besten Freundinnen nicht wollte, dass sie sich mit der Schwester des berüchtigtsten Junkies der Stadt abgab. Wobei es keine Rolle spielte, dass ich zu den Schulbesten gehörte und ihr zu besseren Noten verhalf.

Als ich den Wagen parkte, ging mir durch den Kopf, dass ich mir zwar ein anderes Leben für Billy gewünscht hatte, aber nie einen anderen Bruder, einen, der nicht Billy gewesen wäre. Außerdem überlegte ich, dass ich mir für den Sommer die Haare etwas heller machen lassen sollte – vielleicht mit ein paar Highlights.

In dem Moment drang Billys Stimme durch die Windschutzscheibe.

Warum lässt du dir die Haare nicht färben wie Lena Olin, die Schauspielerin?

Auf dem Fußweg zum Salon musste ich lachen. »Was verstehst du denn schon vom Haarefärben, Billy?«

Als ich schon auf dem Frisierstuhl saß, bemerkte ich neben mir eine Frau und verspürte eine merkwürdige Anziehung, die mich zwang, in ihre Richtung zu schauen. Und da saß doch tatsächlich die wunderbare Lena Olin.

Billy hatte mir tatsächlich einen Stern geschickt – einen richtigen Star!

21   Seelenstämme

Billys Bemerkungen über die vielen Rollen, die er im Leben gehabt hatte, veranlassten mich, über meine eigenen nachzudenken. War ich womöglich eine kosmische Detektivin, die das letzte große Mysterium erforschte – die Frage, ob und wie es nach dem Tod weitergeht? Billy gab mir nicht nur Informationen, sondern versorgte mich auch mit Beweisen. Und es war alles perfekt eingefädelt. Auf der Suche nach neuen Perspektiven hatte ich New York verlassen, um in einem Haus an der Bucht ein neues Leben zu beginnen. Ohne es zu wissen, hatte ich damit die Bühne für Billys Auftritt bereitet. Es handelte sich gar nicht nur um sein Buch des Lebens, es war zugleich auch meines.

Als sich die heißen Augusttage ihrem Ende näherten, enthüllte mir Billy weitere Geheimnisse.

Wir Menschen stammen zwar alle aus derselben Quelle, aber das eigentlich Schöne an der Schöpfung liegt in der einzelnen Blüte, in den Unterschieden zwischen uns. In seiner herrlichen unüberschaubaren Verspieltheit erschafft das Unendliche die Vielfalt. Also gibt es zahlreiche verschiedene Seelenstämme, von denen jeder auf der Erde seine eigenen Entdeckungen zu machen hat.

Bei den Seelenstämmen geht es nicht um Staatsangehörigkeit, um Rasse, Religion oder Verwandtschaft. Wenn man je-

mandem begegnet, der dem eigenen Stamm angehört, hat man das Gefühl, man würde ihn schon lange kennen. Die anderen Stämme sind einem weniger vertraut, dafür bergen sie das Geschenk neuen Wissens und anderer Weisheit. Insgesamt repräsentieren die Seelenstämme alle menschlichen Charaktere, die für das große kosmische Drama benötigt werden.

In meinem Buch des Lebens finden sich viele komplizierte Symbole in einer Sprache, die ich nie gelernt habe, mit der ich aber offenbar sehr vertraut bin. Mein geliebter Joseph und ich sind vom Stamme Lohana, und bei den Symbolen handelt es sich um die Weisheitsformeln unseres Stammes.

Jeder Mensch führt unter den auf der Erde herrschenden Lebensbedingungen Göttliche Experimente durch, und die Weisheitsformeln sind der Heilige Gral der mythischen Reise der menschlichen Inkarnation.

Nicht nur, dass ich die Weisheitsformeln meines Stammes verstehe, durch sie kann ich auch die Essenz der Seelen erspüren, die sie erschaffen haben. Ich finde es immer wieder überraschend, wie unkonventionell die Lohana-Formeln sind. Zum Beispiel enthalten sie keine feste Definition von Tugend. Ihre Gleichungen gehen weit über die menschlichen Etiketten von »Gut« und »Böse« hinaus und konzentrieren sich stattdessen auf die Qualität des jeweiligen Lichts der Menschen.

Auch künden sie von einem großen Geheimnis: Warum vergessen die Seelen ihre erhabene Herkunft, umgeben sich mit einem menschlichen Körper und verlassen die Höheren Welten, um sich auf die Erde zu begeben, auf der alles um so vieles schwieriger ist?

Nun, weil die Seelen Erfahrungen lieben und keine Angst vor dem Leiden haben. Seelen wissen, dass nichts ihnen etwas anhaben kann. Damit will ich nicht sagen, dass es für die

Menschen nicht natürlich wäre, das Vergnügen dem Schmerz vorzuziehen. Auch das ist Teil des Plans. Aber das ganze Weshalb und Wozu kann man erst verstehen, wenn man eure Welt verlassen hat.

Schmerzen und Leiden habe ich nie gemocht, doch am Ende war das Szenario meines Erdenlebens genau davon geprägt. Nun könnte man sagen, ich hätte versagt, weil ich so viel gelitten habe, aber das wäre nicht die Wahrheit. Mein Leben endete zwar wie eine tragische Oper, aber das war völlig in Ordnung so, Liebes.

Ich weiß, Prinzessin. Du wünschst dir, dass ich dir die Lohana-Formeln verrate, aber das ist mir nicht gestattet. Doch mach dir keine Gedanken, Annie. Ein Großteil ihrer Weisheit liegt schon in diesem Buch. Außerdem hast du deine eigenen Gleichungen, die zu deinen Lebzeiten geschrieben werden. Aber mach dir auch über die keine Gedanken. Du brauchst sie nicht zu kennen. Folg einfach deinen Schimären, deinem ewigen Feuer, und dann stellen sich die Formeln ganz von selbst ein.

Sobald ich wieder festen Boden unter den Füßen spürte, googelte ich »Lohana«. Zu meiner Überraschung fand ich heraus, dass dies der Name eines alten Stammes mit Ursprung in Indien war. Der Legende zufolge handelte es sich bei diesen edlen Kriegern um Abkömmlinge von Rama, einem König, der vor fünftausend Jahren lebte und von den Hindus auch heute noch als eine Inkarnation Gottes verehrt wird. Sollte Billy etwa ein Nachfahre Ramas sein?

Auf der Suche nach einer Antwort las ich mir Billys Bemerkungen noch einmal durch. Ich fand keine, aber etwas von dem, was mein Bruder gesagt hatte, zog meine Aufmerksamkeit auf sich.

Folg einfach deinen Schimären, deinem ewigen Feuer, und dann stellen sich die Formeln ganz von selbst ein.

Was war eigentlich eine Schimäre?

Das erste Suchergebnis erbrachte ein dreiköpfiges, Feuer atmendes weibliches Monster aus der griechischen Mythologie.

Ich suchte weiter.

Bald stieß ich auf einen Artikel mit dem Titel »At the Feet of the Eternal Fire« (»Am Fuß des Ewigen Feuers«). Er handelte von den als Schimären bekannten Feuern auf dem Berg Olympos in der heutigen Türkei. Diese mysteriösen Flammen kommen aus dem Inneren des Berges und lodern durch Lücken im Gestein gen Himmel. Die Schimären gelten als ewig. Sobald man versucht, sie zu löschen, lodern sie erneut auf.

Was war meine Schimäre? Wo war mein Feuer geblieben? Songs zu schreiben war immer meine große Leidenschaft gewesen, aber das hatte zu nichts geführt. Wie ich meinem Greta-Garbo-Ich eingestehen musste, hatten die Billy-Erfahrungen in mir einen Funken entfacht. Vielleicht war es ja tatsächlich meine neue Schimäre, zu einer kosmischen Detektivin zu werden und das Jenseits zu erkunden.

22   Patty Malone

Als ich an einem idyllischen Septemberabend unter der Dusche stand, sagte Billy mit einer angsteinflößenden Stimme: *Steve wird schwer erkranken.* Danach lachte er wie Vincent Price in einem Horrorfilm.

Ich war verwirrt und bestürzt. Eine derartige Prognose hatte Billy noch nie gemacht. Und warum hatte er mit einer so unheimlichen Stimme gesprochen? Vielleicht handelte es sich gar nicht um Billy. Angehört hatte es sich jedenfalls nicht wie mein Bruder. Womöglich wollte mir da ja jemand etwas vorgaukeln und mir Angst machen. Aber warum?

Steve hatte sich in letzter Zeit tatsächlich nicht wohl gefühlt, aber ein Spezialist hatte ihm versichert, es handele sich nur um irgendeinen Bazillus. Doch der Arzt konnte sich ja auch getäuscht haben. Und was dann? Wenn Steve wüsste, was Billy gesagt hatte, würde er ausflippen. Deshalb rief ich meinen Ex an und konnte ihn schließlich ohne eine genauere Begründung davon überzeugen, dass er noch einen anderen Arzt konsultierte.

Ein paar Tage später meldete sich Steve wieder bei mir. »Der Arzt meinte auch, ich hätte nur eine langwierige Infektion. Keine größere Sache. Er hat mir neue Antibiotika verschrieben.«

In diesem Moment hörte ich von fern wieder Billys böses Lachen, diesmal aber noch lauter.

Ich versuchte cool zu bleiben und sagte: »Bitte, Steve, hol noch eine weitere Meinung ein.«

»Warum?«

»Ich weiß selbst nicht so genau. Geh zu Florence. Ich bin mir sicher, dass sie dich am Nachmittag noch einschieben kann.«

Florence war Steves Ärztin für Allgemeinmedizin. Die Spezialisten hatten sich vielleicht einfach so sehr spezialisiert, dass sie vor lauter Bäumen den Wald nicht mehr sahen. Mein Ex rief mich von Florence' Praxis aus an.

»Das EKG ist nicht ganz in Ordnung. Florence überweist mich jetzt in die Kardiologie.« Ein paar Stunden später war Steve im Krankenhaus und ließ eine Angiografie machen.

Ich wusste, dass es dabei womöglich nicht bleiben würde. Also packte ich ein paar Kleidungsstücke in ein Köfferchen und fuhr in die Stadt. Als die Ärzte Steve am nächsten Morgen mitteilten, dass sie ihm einen Bypass legen mussten, wurde mir ganz schwindlig. Abgesehen davon, dass ich mich um meinen Ex sorgte, machen mir Krankenhäuser generell schwer zu schaffen. Mit fünfzehn musste mir der Blinddarm in einer Notoperation entfernt werden, die ich um ein Haar nicht überlebt hätte – von vorn bis hinten der reine Albtraum.

Kurz bevor ich ohnmächtig wurde, erschien wie aus dem Nichts Billys tröstende Präsenz und riss mich aus meiner Panik. Plötzlich wurde ich ganz ruhig und konzentriert. Ich schaute mich in der Klinik um und empfand sie nicht gerade als vertrauenerweckend. Alles wirkte schmutzig. Unorganisiert. Als am folgenden Morgen der Chirurg, der die OP durchführen sollte, vorbeikam, um sich vorzustellen, spielte ich auf Zeit. Ich tätigte ein paar Anrufe und erkundigte mich nach dem besten Operateur New Yorks. Als Steve später in einen speziellen Krankenwagen für Herzpatienten gelegt wurde, schaute ich in den tintenblauen Abendhimmel und sagte: »Danke, Billy.«

Im zweiten Krankenhaus wurde festgestellt, dass Steve aufgrund eines Medikaments, das ihm in der ersten Klinik verabreicht worden war, noch auf dem OP-Tisch hätte verbluten können. Der Eingriff wurde verschoben, bis die Wirkung der Arznei nachgelassen hatte.

Steves Operation am offenen Herzen verlief gut und dauerte auch nicht so lange wie erwartet. Weil seine Beschwerden rechtzeitig erkannt worden waren, hatte sein Herz keinen bleibenden Schaden erlitten. Jetzt wusste ich: Billy hatte mir deshalb so große Angst eingejagt, weil er unbedingt wollte, dass ich hartnäckig blieb. Hier war es nicht mehr nur um grünen Tee gegangen. Hier ging es um Leben und Tod.

Billy ließ eine Weile nichts von sich hören. Er wusste wohl, dass ich erst einmal etwas Zeit brauchte. Diese letzte Begebenheit hatte mich aufgerüttelt. Ich war mehr als dankbar, hatte aber auch viele Fragen.

Hatte Steve vor seiner Geburt eingewilligt, in Billys letzten Lebensjahren als sein Beschützer zu fungieren?

Und war Billy schon vorgeburtlich bereit gewesen, sich nach seinem Tod für diesen Gefallen zu revanchieren?

Hatte mein Bruder eine Genehmigung gebraucht, um mir von Steves gesundheitlichen Problemen zu erzählen?

Hätte mein Ex ohne Billys Interventionen einen Herzanfall erlitten?

Und wäre er dabei womöglich gestorben?

Hatte Billy in Steves Schicksal eingegriffen?

Als kosmische Detektivin war ich fest entschlossen, Antworten auf diese Fragen zu finden. Aber wie nur? Als der Herbst voranschritt, schwebte Billy jeden Tag über mir – friedvoll, unsichtbar, stumm und in respektvoller Entfernung.

In der Hoffnung auf eine Inspiration wartete ich auf den Vollmond. Um Mitternacht setzte ich mich, vom Jasmin-Aroma einer Duftkerze umgeben, aufs Meditationskissen und schrieb meine Fragen auf einen Notizblock. Sie aus dem Kopf zu bekommen und auf Papier zu bannen war eine große Erleichterung. Mit geschlossenen Augen begab ich mich an einen Ort, an dem kein Denken, kein Raum und keine Zeit existieren.

Als ich die Augen nach einer Stunde allmählich wieder öffnete, notierte ich mir statt der erwarteten Antworten meine Kernfrage: *Kann das Jenseits in unser Leben eingreifen?*

Am folgenden Abend, einer indigoblauen Oktobernacht, stand Billys Licht hoch über mir wie ein Engel.

Annie, Annie, wach auf.

Jetzt habe ich dir meine Existenz wohl bewiesen, Schwester, oder? Aber viel wichtiger ist, dass es – jenseits der Erde – andere Orte gibt, die genauso real sind wie ich und voller Licht, Liebe, Glückseligkeit. Und vielleicht, aber nur ganz vielleicht, kann etwas vom Licht dieser Orte auf die Erde fallen, um euren Planeten ein bisschen besser, freundlicher und musikalischer zu machen.

Ich bringe heute Abend Besuch mit. Siehst du die Aura des golden-blauen Lichts in der Ecke der Zimmerdecke? Das ist Pat, ein sehr starker und edler Spirit.

Erinnert er dich womöglich an Tex? Bestimmt, denn es handelt sich um ihren älteren Bruder. Wie du weißt, kam Pat auf dem Heimflug zu Thanksgiving unter, wie du sagen würdest, tragischen Umständen bei einem Flugzeugabsturz ums Leben, als Tex noch ein Teenager war.

Nun, jetzt ist Pat sozusagen ihr Beschützer. Tex' Mutter sowie Patty Malone und alle, die hier sind und Tex lieben, möchten, dass ich ihr einen Brief schreibe. Also notiere bitte:

Liebe Tex,
nur weil Dich die Krankheit Deiner Mutter und ihr Tod so erschöpft haben, brauchst Du Dich selbst noch lange nicht zu zerstören. Gerade in schweren Zeiten ist Alkohol keine besonders gute Idee.

Ich weiß, dass Du an das Schicksal glaubst. Und vielleicht ist Dein Schicksal ja, stärker zu werden als Deine Süchte. Vielleicht ist dies der für Deinen Spirit entscheidende Augenblick. Vielleicht möchtest Du ja noch ein Weilchen auf der Erde bleiben, ohne dass Dir Dein Körper ständig signalisiert, wie kaputt er schon ist.

Für mich war es das reinste Vergnügen, kann ich Dir sagen! Ohne Zähne, aufgedunsen, schütteres Haar, zermürbende Schmerzen in den Knien, blutiger Auswurf. O ja, eine gewisse Zeit lang geht alles gut, irgendwann aber wird einem unweigerlich die Rechnung präsentiert.

Du willst es Dir selbst nicht eingestehen und möchtest auch von anderen nicht auf dieses heikle Thema angesprochen werden. Aber ich sage Dir klipp und klar:

Du musst damit aufhören, bevor Dein Körper unter Schmerzen anfängt, Deine Aufmerksamkeit zu erzwingen.

Lass uns mit einem winzigen Schrittchen beginnen: Werde Dir bewusst, was Du da eigentlich tust.

*Verurteile Dich nicht. Aber gib auch keine
voreiligen Versprechen ab. Mach Dir einfach nur
klar, was Du tust.*

Billy

Ich sah tatsächlich die blaue Lichtkugel, die Billy mir als Tex' Bruder vorgestellt hatte. Was ich aber nicht verstand, war, warum er ihn Patty Malone nannte. Tex' verstorbener Bruder hieß Pat, das ja, aber der Familienname lautete nicht Malone.

Im Laufe des Vormittags rief ich Tex an.

»Mitten in der Nacht war Billy wieder bei mir und hatte deinen Bruder Pat im Schlepptau.«

»Wirklich?«

»Ja, und Billy hat mir einen Brief für dich diktiert. Er stammt von Billy und Pat sowie anderen Verstorbenen, die dich lieben.«

»O mein Gott.«

»Aus irgendeinem Grund hat Billy den Namen Patty Malone erwähnt. Aber der ist irisch, und eure Familie kommt doch aus Frankreich, oder nicht?«

»Sieh an, sieh an, Billy schon wieder!« Tex lachte und fuhr fort: »Ich heiße tatsächlich nicht Malone, aber meine Mutter stammte aus Irland – und war eine Malone. Und ihr Vater, also mein Großvater, der hieß Patty Malone. Also stammt dieser Brief nicht nur von meinem Bruder Pat, sondern auch von meinem Großvater. Wie großartig! Du musst mir den Brief sofort rübermailen.«

Ich zögerte. Tex hatte zwar immer einen Drink in der einen Hand und eine Zigarette in der anderen, betrunken aber hatte ich sie nie gesehen. Und obwohl ich wusste, dass ich mich mit dem Thema Trinken auf vermintes Gebiet begab, sagte ich:

»Hör zu, Tex. In dem Brief geht es um deinen Alkoholkonsum.«

Eisiges Schweigen.

Zeit, schleunigst den Hörer aufzulegen. Billys Brief mailte ich Tex trotzdem.

Und ich konnte nur hoffen, dass das nicht das Ende unserer Freundschaft war.

23   Der Sound des Kosmos

Kurz vor Thanksgiving brachte mir UPS dann endlich den zerfledderten Pappkarton mit Billys Habseligkeiten, der seit dem Tod meines Bruders vor zehn Monaten im Verkaufsraum des Mercedes-Händlers gestanden hatte. Billys alter Wagen war sein Zuhause gewesen, bis er ihn eine Woche vor seinem tödlichen Unfall zu Schrott gefahren hatte. Alles, was sich darin befunden hatte, lag nun in dem 65 mal 120 mal 80 Zentimeter großen ramponierten Pappkarton, auf dem mit dickem schwarzem Filzstift geschrieben die Wörter »Hände weg« standen.

Ich stellte den Karton neben den Kamin, direkt unter Billys Asche. Öffnen konnte ich ihn im Moment noch nicht. Denn er erinnerte mich an den alten Billy, den Junkie, der in seinem Auto hatte leben müssen, das er gegen einen Baum gefahren hatte, an Billy, der jemanden hätte töten können. Neugierig war ich trotzdem. Was mochte sich wohl in dem Karton befinden, von dem der neue Billy wollte, dass ich es bekam?

Am Morgen von Thanksgiving ...

Warum den Karton nicht an Weihnachten öffnen? Ist doch schon in einem Monat. Wenn du morgens aufwachst, wird schöner Schnee liegen, und der Karton ist mein Geschenk für dich.

Wenn ich zu dir spreche, hörst du dieselbe Stimme in derselben Sprache wie früher. Die Billy-Stimme verwende ich aber nur deinetwillen, Prinzessin. Hier, wo ich jetzt bin, sprechen wir nicht in Worten. Joseph und ich teilen uns unsere Gedanken telepathisch mit. Wobei es auch nicht direkt Gedanken sind, sondern etwas viel Besseres. Eher wie Symphonien, so schön, wie du es dir nicht einmal vorstellen kannst.

Auf der Erde reden die Leute aus vielen Gründen. Und manchmal meinen sie ernst, was sie sagen, manchmal aber auch nicht. Hier gibt es weder Heuchelei noch Falschheit. Keine Konkurrenz, keine Ressentiments. Hier erfüllen wir uns mit unserer telepathischen Kommunikation gegenseitig mit Schönheit.

Apropos Telepathie. Ich weiß, dass du dich manchmal fragst, ob wir hier auch Musik haben. Singende, Harfe spielende Engel, da gibt es so viele Klischees, von denen du gern wüsstest, ob etwas dran ist. Na ja, auch in diesem Fall kann ich wieder nur von mir sprechen. Und hier, wo ich bin, gibt es solche Sachen nicht. Die Atmosphäre hier ist von leisen Umgebungsgeräuschen erfüllt. Ich habe sie nicht analysiert, sondern mich nur daran erfreut, aber für dich werde ich versuchen, sie näher zu beschreiben.

Hier sind ständig Hintergrundgeräusche, die mich an die Natur auf der Erde erinnern, an Wind, Regen oder Meeresrauschen, aber viel musikalischer, weshalb ich auch denke, dass sie von irgendwelchen Instrumenten erzeugt werden. Die Klänge erinnern an sanfte, verträumte Geigen-, Cello-, Flöten-, Horn- oder Harfentöne. Sie haben auch einen Rhythmus, aber der ist nicht konstant. Man könnte eher von einem Pulsieren sprechen, das sich ständig verändert.

Erst vor Kurzem ist mir aufgefallen, dass sich aus diesen Hintergrundgeräuschen hin und wieder eine Melodie heraus-

schält, die dann aber auch schnell wieder verklingt. Dieses Phänomen tritt jetzt immer öfter auf, aber ich könnte nicht sagen, ob sich der Sound verändert hat oder mein Hörvermögen besser geworden ist.

Übrigens: Wenn ihr euch darauf einstimmen könntet, würdet ihr diese kosmischen Klänge auch da wahrnehmen, wo du jetzt bist, denn sie sind überall. Wahrnehmen allerdings nicht mit euren normalen Ohren – nur mit den spirituellen. Aber selbst wenn ihr die Musik auf dem gewöhnlichen Weg hören könntet, wären die meisten viel zu beschäftigt, um sie auszumachen. Und selbst eure inneren spirituellen Ohren müssen sich mit den abertausend Gedanken herumschlagen, die euch ständig im Kopf umherschwirren.

Es heißt ja immer, ein Bild sage mehr als tausend Worte. Aber in diesem Fall möchte ich dir statt eines Bildes eine iTunes-Datei ans Herz legen. Manche Stücke des Komponisten Jean Sibelius werden dir eine Vorstellung von den kosmischen Klängen hier vermitteln. Sibelius war eindeutig auf eine höhere Dimension eingestellt. Damit meine ich nicht seine düsteren Stücke; aber lad dir mal seine Schwanenmusik runter und achte darauf, wie die Klangwogen mit einem Mal zu Melodien werden. Dabei bekommst du eine Ahnung von dem, was ich hier höre, nur dass dies hier unendlich viel lichter und feiner ist.

Und manchmal, Schwesterchen, höre ich von fern eine Stimme, eine weibliche Stimme, in einer Sprache singen, die ich nie gehört habe und auch nicht verstehe. Von dieser Stimme geht ein Sog aus wie vom Gesang der Sirenen. Aber das kann ja nicht sein, denn die sogenannten Sirenen haben die Männer in den Tod gelockt, und wie du weißt, bin ich bereits gestorben. [Lacht.] Aber dieser Gesang ist so berauschend, dass ich nicht genug davon bekommen kann. Ich bin es nicht mehr gewohnt, irgendetwas zu wollen, aber mit diesem Gesang ... ich schwöre dir, da ist es anders.

Schwanenmusik? Sibelius? Gehört hatte ich von dem Komponisten schon, aber seine Musik sagte mir gar nichts.

Auf iTunes fand ich ein Stück von ihm mit dem Titel »Der Schwan von Tuonela« und lud es mir herunter. Aus einem weichen Klangteppich heraus entstanden immer wieder Melodien und verklangen auch wieder, genau wie bei der himmlischen Musik, von der Billy gesprochen hatte.

Beim »Schwan von Tuonela«, fand ich heraus, handelt es sich um eine finnische Sage. Der heilige weiße Schwan schwimmt auf dem mystischen Fluss Tuonela, der diese Welt vom Jenseits trennt. Er hatte also genau die Rolle, die Billy mir auch zugewiesen hatte: auf den Gewässern zwischen den Dimensionen zu navigieren.

Per E-Mail schickte ich Guru Guy die Musikdatei zusammen mit dem Text, den mir Billy diktiert hatte. Im Gegenzug mailte er mir einen Artikel, der anlässlich des fünfzigsten Todestages des Komponisten im *New Yorker* erschienen war.

Wie es in dem Artikel hieß, war Sibelius überzeugt, dass manche seiner Stücke einer göttlichen Quelle entstammten. Außerdem stand darin, Sibelius sei Alkoholiker gewesen. Vielleicht war seine Sucht ein entscheidender Teil seiner Persönlichkeit, genau wie bei Billy. Ob er auch ohne diese Abhängigkeit ein solches Genie gewesen wäre? Aber wer könnte schon behaupten, dass es hätte anders kommen sollen – und zwar für beide?

24   Der Billy-Karton

Wie mein Bruder versprochen hatte, schneite es an Weihnachten. Ich machte Feuer im Kamin, und mit den Flammen trat der Billy-Effekt ein, um den Raum zu erhellen.

Frohe Weihnachten, Annie. Der Schlüssel, den du in dem Karton finden wirst, ist ein Symbol für die Schlüssel zum Leben, die zu entdecken ich dir helfen möchte. Hab ich dir je gesagt, was für ein schönes Zuhause du hast? Ich war am Ende obdach- und heimatlos. Aber man sagt ja immer, man sei da beheimatet, wo das Herz ist.

Das Erste, was ich aus dem Karton zog, war eine blaue verbeulte leere Dose mit der Aufschrift »Zu Hause« und einem Schwan drauf. Sibelius' Schwan von Tuonela?

Als Nächstes kam ein Fernglas.

In Anerkennung deiner Rolle als Sherlock Holmes des Jenseits, witzelte Billy.

Der Karton enthielt gerahmte Fotos und Fotoalben aus Billys Leben vor Venezuela. Aber auch Umschläge voller Fotos, die ihn auf der Isla Margarita zeigten: Billy mit verschiedenen Frauen, Billy im Meer, Billy am Strand, lächelnd und vergnügt.

Gar nicht so schlecht, was? Eine Zeit lang ging es mir auf Margarita tatsächlich ziemlich gut. Als alles noch nicht so ernst war, ja?

Wir gingen die Sachen gemeinsam durch und sprachen darüber. Und obwohl sich Billy irgendwo am anderen Ende des

Universums aufhielt, saß er doch zugleich bei mir im Zimmer.

Wir stießen auf CDs und auch ein paar Bücher: *Sabbaths Theater* von Philip Roth, *The Language of the Heart* (»Die Sprache des Herzens«) von Bill W, dem Mitbegründer der Anonymen Alkoholiker, und *Living Each Day* (»Leben von Tag zu Tag«) von Rabbi Twerski. Unter den Büchern lagen vier abgegriffene alte Spiralnotizhefte. Billys Tagebücher.

»Du hast Tagebuch geführt? Darf ich sie lesen?«

Ich habe sie dir doch geschenkt.

Versteckt in einer Ecke auf dem Boden des Billy-Kartons fanden sich ein Rosenquarzherz, ein Pillendöschen aus Perlmutt, der angekündigte Schlüssel und zwei Münzen von den Anonymen Alkoholikern.

Die goldene Münze ist von White Deer Run, wo ich die besten Entzugs- und Entwöhnungserfahrungen überhaupt gemacht habe. Danach war ich ganze acht Jahre trocken.

Die andere Münze war silbern. Darauf waren ein Kreuz und die Worte »Nur dank Gottes Gnade«.

Mein Mantra zu Lebzeiten.

Während ich noch damit beschäftigt war, Billys Sachen durchzusehen, rief Tex an.

»Annie, ich glaube, dass ich demnächst vier Wochen nach Arizona fahre. Irgendwann im Januar.«

»Das sind aber ziemlich lange Ferien.«

»Na ja, Ferien nicht gerade. Ich spiele mit dem Gedanken, mich in eine Suchtklinik zu begeben.«

Ich war überrascht. Dass sie meinte, ein Alkoholproblem zu haben, hatte Tex mir gegenüber nie erwähnt. Als ich ihr vor Monaten gesagt hatte, worum es in Billys Brief an sie ging, war sie zu Eis erstarrt, und seither hatte ich sie nicht wieder darauf angesprochen.

»Was meinst du, Annie? Ob das eine gute Idee wäre?«
»Eine ganz großartige.«

Ich legte den Schlüssel, das Herz, die Pillendose und die beiden AA-Münzen in die Schublade meines Nachttischchens, Billys Tagebücher in einen Korb neben meiner Wohnzimmercouch. Genau wie der Karton, in dem sie gekommen waren, erinnerten auch sie mich an den alten Billy, und ich fürchtete mich davor, sie zu lesen. Eine Woche später nahm ich eines der Notizhefte zur Hand, das einen lila Pappdeckel hatte, und schlug es aufs Geratewohl auf.

Da stand: »Gib den Blumen in deinem inneren Garten immer genügend Wasser. Und vergiss nie, dass der Sand im Getriebe der spirituellen Arbeit nur der ist, der auch die Perlen in Austern entstehen lässt. Ohne eine Reizung kann keine Perle entstehen.«

Wie bitte? Wie konnte das sein? Ich las weiter.

»Ich danke Dir für das schöne Leben, das Du mir geschenkt hast, mit all den Bodenwellen und dem ganzen Sand. Bald werde ich so weit sein, dass ich mit meinem Buch anfangen kann.«

Sand? Reizung? Perle? Buch? Das ist doch alles nicht möglich!

Im Laufe des folgenden Monats gelang es mir allmählich, Billys unleserliche Handschrift zu entziffern. So erfuhr ich von seinen Kämpfen, seinen düsteren Momenten, seinen Sehnsüchten und seiner Vertrautheit mit Gott:

»Ich wünsche mir händeringend, dass es mir besser geht, aber das ist zweitrangig. An erster Stelle steht Gott. Denn einem Menschen allein wäre es nie gelungen, mich aus Venezuela herauszuholen und dafür zu sorgen, dass es mir jetzt schon etwas besser geht. Das alles, überhaupt alles Gute war Gottes Werk. Ich liebe Dich, Gott. Bleib bei mir, bitte.

Ich würde gerne eine Orientierungshilfe für andere sein und ihnen helfen, ihren Spiegel aufzupolieren, damit er ihr Leben besser reflektiert. Schöne, gute Worte finden, die sie auf ihrem Weg begleiten, sie der Liebe Gottes versichern und ihnen in schlechten Zeiten Trost bieten. Ich mag ja ein Junkie sein, aber ich bin auch sensibel, fürsorglich, intuitiv, intelligent und weise. Bitte zeig mir, wie ich diese Ideen verwirklichen kann.

Ich weiß jetzt, wie ich helfen werde: Ich werde ein Buch schreiben. Aber nichts Intellektuelles, denn das Leben und seine Erfüllung sind spiritueller Natur. Und die Leute sollen beim Lesen auch etwas zu lachen haben. In dem Buch werde ich nur Dinge schreiben, die den Menschen helfen, und ihnen nichts auftischen, von dem man nicht weiß, ob es auch wahr ist. Mein Buch wird erscheinen. Ich mache das. Aber es liegt ganz in Deinen Händen, Gott. Alles Liebe, Billy.

Lieber Gott. Je mehr Zeit vergeht, desto mehr fällt mir auf, wie kurz sie im Grunde ist. Ich stehe an einem Wendepunkt und kann mich nur noch Deiner Weisheit, Deiner Stärke überantworten. Ich bin zu alt, um noch auf irgendjemand anderen zu hören – ja, natürlich könnte ich, aber ich werde es nicht tun, weil ich weiß, dass all die Träume und Siege, für die ich mich mein ganzes Leben lang eingesetzt habe, dem Guten dienten und nicht dem Bösen. Du, Gott, bist der Einzige, der davon je erfahren wird. Aber das ist ja auch alles, was zählt. Liebe Grüße, Billy Fingers.«

Die Durchsicht von Billys Tagebüchern wurde für mich zu einer emotionalen Achterbahnfahrt. Um mich aufzumuntern, spielte Billy ein kosmisches Versteckspiel mit mir. Er nahm

Kontakt zu mir auf, aber ohne Worte, rein telepathisch. Wann immer es in meiner Umgebung mal heller und lebhafter war, wusste ich, dass er in meiner Nähe war. Ich fing an, ihn stumm anzurufen, um zu schauen, ob er reagierte. Das tat er nicht immer, aber auch das gehörte mit zu dem Spiel: dass ich zu unterscheiden lernte, wann er da war und wann nicht.

25 Tex

Eines stürmischen Januartages, fast ein Jahr nach seinem Tod, besuchte mich mein Bruder, als ich gerade dabei war, mich anzuziehen.

Tex geht in ein paar Tagen in die Suchtklinik, und wie ich weiß, würdest du ihr zum Abschied gern etwas Besonderes schenken.

Offen gesagt habe ich Tex von Anfang an im Auge behalten. Sie ist einer deiner liebsten Menschen, und das verstehe ich gut. Tex ist ein seltenes Prachtstück mit einem magischen Herzen. Zu der Zeit, als du sie kennengelernt hast, pflegte sie ihre kranke Mutter. Schon seit Jahren. Dem Scotch war Tex auch früher schon sehr zugetan; als ihre Mutter dann aber starb, fing sie an, mehr zu trinken, als irgendwer gedacht hätte. Sie selbst eingeschlossen. Dann kamen Schlaftabletten hinzu. Es hätte gut sein können, dass sie eines Morgens nicht mehr aufgewacht wäre. Aber dazu ist es ja glücklicherweise nicht gekommen.

Dass Tex Zeugin des Entstehungsprozesses unseres Buches ist und viele der Beweise meiner Existenz unmittelbar mit ihr zu tun haben, ist kein Zufall. Ich wollte, dass sie von mir überzeugt ist. Weißt du, unmittelbar nachdem du Tex zum ersten Mal von meinen Besuchen erzählt hast, fing sie an, mit mir zu sprechen. Zu der Zeit hätte sie sich nie im Leben vorstellen können, was auf sie zukommen würde. Sie wusste nichts von dem speziellen Geschenk, das ihrer harrte.

Der Brief, den ich ihr geschickt habe – nun, obwohl sie dir nie etwas davon gesagt hat, hat sie ihn gelesen. Man könnte also durchaus sagen, dass ihr Bruder Pat und ich tatsächlich aus dem Jenseits in ihr Leben eingegriffen haben. Immer wieder haben wir ihr etwas zugeflüstert, sie in ihre Kraft gebracht, die Watte aus ihren Ohren gezupft und ihr die Scheuklappen abgenommen. Tex ist ausgesprochen gut darin, anderen zu helfen, aber wenn es um sie selbst geht, längst nicht so.

Ich glaube, jetzt ist es an der Zeit, ihr endlich die Münze zu geben, die ich ihr versprochen habe, findest du nicht? Also die AA-Münze aus der Suchtklinik White Deer Run, die in Billys Karton war. Im Moment liegt sie in deiner Schublade. Du kannst Tex übrigens auch gern noch eines meiner Fotos schenken.

Schon vor fast einem Jahr, lange bevor der Billy-Karton mit den Münzen bei dir eintraf und auch lange bevor sich Tex ihr Problem eingestanden hat, habe ich dir gesagt, dass ich deiner Freundin gern eine Münze schenken möchte. Und siehe da: Die Richtige ist genau im richtigen Moment aufgetaucht.

Ob die Einflüsse aus dem Jenseits und die Münze Tex' Leben aber verändern werden?

Diese Frage kann nur sie selbst beantworten.

Zum Abschied trafen Tex und ich uns auf einen Kaffee bei Starbucks.

»Ich weiß jetzt endlich, welche Münze ich dir geben soll, Billy hat es mir gesagt.« Ich legte die White-Deer-Run-Münze vor ihr auf den Tisch.

Tex nahm sie und betrachtete sie.

»Es handelt sich um eine Zwölf-Schritte-Münze der Anonymen Alkoholiker«, erklärte ich. »Ich habe sie in Billys Karton gefunden. Aber dass sie es ist, die ich dir geben soll, hat mir mein Bruder erst vor ungefähr einer Stunde mitgeteilt.«

Tex wirkte so geschockt, dass sie kaum Worte fand. Die Münze verlieh ihrem Aufenthalt in der Suchtklinik etwas Schicksalhaftes, und ein Teil dieses Schicksals war Billy. Als ich ihr das Foto von ihm gab, sagte sie: »Ich glaub, ich werd ihn noch brauchen.«

Heute raucht Tex zwar noch und trinkt schwarzen Kaffee, aber mit einem alkoholischen Getränk habe ich sie nie wieder gesehen.

26   Die Gnadenmünze

Nachdem ich Tex ihre Münze gegeben hatte, dachte ich nach dem Aufwachen über die Worte auf der zweiten Münze nach, die ich in Billys Karton gefunden hatte: »There but for the Grace of God ... go I. – So gehe ich dank Gottes Gnaden ... unbeschadet weiter.« Denn wenn Tex' Münze wichtig war, musste ja eigentlich auch die zweite von Bedeutung sein.

Ich wusste, dass der Satz Mitgefühl ausdrücken sollte. Aber schwang darin nicht auch so etwas mit wie »Na, das tut mir ja nun leid für dich, aber glücklicherweise ist *mir* nichts geschehen«? Wie soll sich die Person, über die ich das sage, denn dabei fühlen? Ist damit vielleicht gemeint, dass Gott mich mehr liebt als sie? Und was um alles in der Welt wollte mir Billy mit dieser Botschaft sagen?

Während ich im Bett lag und über die Bedeutung des Satzes philosophierte, forderte mich mein Bruder auf, mir den Text auf der Münze noch einmal anzusehen. Seit sie in der Schublade meines Nachttischchens lag, hatte ich sie nicht mehr zur Hand genommen.

Die Worte auf der Münze lauteten nicht ganz so, wie ich sie in Erinnerung gehabt hatte. Da stand einfach: »But for the Grace of God. – Nur dank Gottes Gnade.«

Worte sind Worte, und die Weisheit liegt jenseits davon. Aber die Menschen brauchen Worte, damit sich der Verstand daran festhalten und ihnen den Weg zeigen kann, der dahinter führt.

Na, was steht denn nun tatsächlich auf der Münze? »Nur dank Gottes Gnade.« Das ist alles. Mehr nicht. Ohne die drei hinzugefügten Wörter ist der Sinn ein vollkommen anderer. Das Zitat des englischen Reformators John Bradford aus dem 16. Jahrhundert, an das du gedacht hattest, das mit den drei Wörtchen mehr, hat eine zwingende, aber doch auch etwas beunruhigende Botschaft.

Ganz anders die auf der Münze, die ich dir hinterlassen habe und die ich Gnadenmünze nennen möchte. Da geht es allein um den Gnadenfaktor, also um die Tatsache, dass das Leben ohne die Gnade Gottes um vieles schwerer wäre. Genau auf diesen Gnadenfaktor soll die Münze dich aufmerksam machen.

Was hätte oder wäre ich, wie würde es mir gehen, was würde ich tun ... ohne die Gnade Gottes?

Was könnte uns in jedem Augenblick unseres Lebens nicht alles widerfahren ... ohne die Gnade Gottes?

Ohne die Gnade Gottes ... könnte ich jetzt gar nicht mit dir sprechen. Mich nicht bei dir bedanken – dafür, dass du mich so sehr liebst.

Und warum scheinen manche Menschen mehr in dieser Gnade zu stehen als andere? Ach, schau an, du hast wohl gedacht, dass wir diese schwierige Frage einfach übergehen könnten?

Ich will dir ein weiteres Geheimnis verraten, meine Schwester: Wie es um den Gnadenstand eines anderen Menschen bestellt ist, kann man nie wissen. Man kann zwar versuchen, sich in seine Lage zu versetzen, aber das trifft nicht den Kern, nicht die Seele. Das einzige Leben, das du wirklich kennst, ist dein eigenes. Alles andere ist Hörensagen. Geh nie davon aus, dass jemand Glück hat oder Pech, nur weil es so aussieht. Glück und Pech sind rein menschliche Begriffe. Glaub mir, da kenn ich mich aus.

Normalerweise werden sich die Menschen der Gnade erst dann bewusst, wenn ihnen ein riesengroßes Wunder widerfährt. Der kleinen Wunder des Alltags sind sie sich gar nicht bewusst: dass sie atmen können, sehen, hören, gehen, sprechen und denken können, dass sie Gefühle haben. Deshalb auch wird in vielen spirituellen Traditionen so viel Wert auf Dankbarkeit gelegt. Sie hilft einem, die Gnade zu erkennen, die man im Leben erfährt.

Weit nützlicher aber als den Versuch, dankbar zu sein, fand ich es immer, danke zu sagen. Es ist doch viel einfacher, sich mit ein paar Worten zu bedanken, als sich zu irgendeinem Gefühl zwingen zu wollen, das man vielleicht gar nicht empfindet.

»Danke« ist eine erhabene Botschaft, vielleicht die heilsamste überhaupt. »Danke« richtet einen auf die Gnade aus, die aus dem Universum der Seele kommt.

Am Abend traf ich mich mit meinem Freund und Musikproduzenten in einem Restaurant in der Stadt. Auf der Hinfahrt im Taxi kündigte mir Billy einen weiteren Beweis an – beim Essen.

Während des Hauptgangs flüsterte mir mein Bruder zu: *Jetzt pass auf.* Da erzählte mein Freund, er habe auf dem Weg ins Lokal einem Obdachlosen etwas Geld in den Hut geworfen. Dann fügte er hinzu: »There but for the grace of God.«

27 Der Strom des Lebens

Die silberne Gnadenmünze war schmutzig und abgegriffen. Während ich sie sauber machte und aufpolierte, erinnerte ich mich daran, dass mein Vater, als ich sechs war, begonnen hatte, mir jeden Freitagabend einen Silberdollar zu schenken. Ich bewahrte die kostbaren Münzen in einem silberfarben glänzenden Schuhkarton auf, dessen Deckel mein Vater mit einem Schlitz versehen hatte. Ich sparte auf eine Paris-Reise. Als ich meinen 129. Silberdollar bekommen sollte, waren alle verschwunden – zusammen mit meinem Bruder. Mein Vater nahm mich in den Arm, und ich weinte um meine verlorenen Münzen, die entgangene Paris-Reise, den verlorenen Bruder. Die Gnadenmünze gab mir das Gefühl, Billy habe mir meine Silberdollars in Form von Segnungen zurückgegeben.

Trotzdem war ich überraschend traurig, als sich sein Todestag zum ersten Mal jährte. Billy dagegen feierte eine Party.

Ich bin jetzt mit der Lektüre meines Buchs des Lebens fertig und in einer neuen Phase. Das Wort »fertig« verwende ich übrigens nur deinetwegen. Ganz so ist es hier nämlich nicht. Hier geht jeder Augenblick fließend in den nächsten über, und dadurch entsteht dieses Gefühl von »Ewigkeit«.

Ich war gerade wie üblich mit der ausgesprochen kurzweiligen Universumswerdung befasst, als ich aufwachte und mich mit einem Mal wieder in meinem Lichtkörper befand. Nebenbei gesagt: Anders als die Menschen auf der Erde verwechsele ich meinen Körper hier nicht mehr mit meinem »Ich«. Das hängt wahrscheinlich damit zusammen, dass ich hier so schnell in ihn hinein- und auch wieder aus ihm herausschlüpfen kann.

Sei's drum. Als ich also aufwachte, saß ich mit übergeschlagenen Beinen an einem magischen Strom, der nie zu enden scheint. Da er aber nicht sehr breit ist, höchstens wenige Meter, konnte ich den lieben Joseph am anderen Ufer sehen.

Es handelt sich nicht um einen Strom im üblichen Sinne. Mit Wasser hat das alles gar nichts zu tun, trotzdem geht es ums Fließen. Dieser Strom besteht aus kräuseligen Wellen strahlendsten Lichts: violett, rot, gelb, orange, grün und blau. Die Farben stechen wirklich ins Auge, denn außer diesem Strom gibt es hier nichts, und alles andere ist pechschwarz.

Die Sache mit dem Strom ist die: Seine Bewegungen werden vom Fließen eines verwunschenen Sounds begleitet. Wenn ich einen Vergleich anstellen müsste, würde ich sagen, es hört sich an wie eine Mischung aus elektrisch erzeugten Tönen und dem abschwellenden Dröhnen eines tiefen Gongs. Wobei diese Beschreibung das Wichtigste auslässt, das Entscheidende an diesem Strom: seine mystische Wirkung.

Wenn du den Strom hören könntest, Schwesterherz, und sei es auch nur eine Sekunde lang, würdest du vermutlich nie wieder Angst oder Ärger empfinden oder aufgebracht sein. Aber vielleicht kannst du ihn auch genau deshalb nicht hören. Schließlich geht es beim Erdexperiment ja gerade darum, möglichst viele Emotionen zu erleben, und das ist auch gut so. Alles, wie es sein soll.

Ich saß also an diesem Strom und wusste weder, was als Nächstes geschehen würde, noch, was ich tun sollte. Auch diesmal gab mir Joseph keinerlei Anweisungen, und das finde ich großartig! Leute, die mir sagen wollen, was ich zu tun habe, konnte ich noch nie leiden, insbesondere weil sie an dem, was ich tat, meistens viel auszusetzen hatten. Hier übrigens kann man überhaupt nichts falsch machen. So etwas gibt es hier gar nicht. Joseph dient mir als Orientierungshilfe, aber er ist nicht mein Richter.

Zuerst saß ich nur da und beobachtete das Wogen der vibrierenden Farben. Doch nicht lange, und ich musste die Augen schließen, so sehr überwältigte mich der überirdische Klang des Stroms. Er zog mich tiefer und tiefer, bis schließlich nichts anderes mehr existierte als dieser Sound. Dann geschah plötzlich etwas, was ich jetzt irgendwie rüberzubringen versuchen möchte.

Je intensiver die Klänge des Stroms wurden, desto berauschter fühlte ich mich. Wobei du dir klarmachen musst: Ich fühle mich in dieser Dimension von Augenblick zu Augenblick ohnehin schon viel besser, als du es dir überhaupt vorstellen kannst. Aber der Strom des Lebens steigerte meinen natürlichen Ekstasefaktor noch erheblich.

Bald darauf begann sich meine Ichheit aufzulösen. Genau wie der Strom wurde auch ich zu sich kräuselnd tönenden Regenbogenfarben, die in der Ewigkeit dahinflossen. Eine psychedelische Erfahrung war das, um es mit einem Wort aus meinen Anfängen auszudrücken. Dann hörte ich aus einem mir bis dahin unbekannten Teil meines Inneren unglaublich fantastische Musik. Zunächst immer nur ein paar Noten. Aber keine gewöhnlichen. Vielmehr waren diese Noten von einer Süße, die du vielleicht mit Engelsgesang assoziieren würdest; um Stimmen aber handelte es sich nicht. Die lang gezogenen, gemächlichen Töne gingen ineinander über. Dann verwoben sich die Noten allmählich zu diesen Melodien, heiligen Melo-

dien, die schon immer existiert haben – ein Geheimnis, das mir meine Seele bis zu diesem Zeitpunkt vorenthalten hatte.

Wie aus heiterem Himmel wurde diese Erfahrung plötzlich sinnlich. Ich empfand meinen Körper so intensiv wie nie seit meinem Tod. Genoss dieses ganz besondere Vergnügen, die Vertrautheit mit dem Körper, die Wärme der Leiblichkeit, die ich zu Lebzeiten erfahren hatte. Doch wenn ich das absolut beste Gefühl, das ich auf der Erde je kannte, unendlich multiplizieren würde – als ich am Strom des Lebens saß, ging es mir noch um ein Vielfaches besser.

Diese Sinnlichkeit führte aber nicht dazu, dass ich mir meine Lebendigkeit von früher zurückgewünscht hätte. Kein bisschen. Mir wurde das Mysterium des Lebens im Fleische offenbart, das der speziellen Zufriedenheit, die die Seele genießt, wenn sie inkarniert ist. Es geht nur um die Wonne, die Wonne der Unterschiede, die verschiedenen Arten von Vergnügen, aber auch Schmerz.

Was das für ein Strom ist? Da bin ich mir nicht sicher. Vielleicht der Atem der Höchsten Quelle. Aber genau weiß ich es wirklich nicht. Was ich jedoch sagen kann, Schatz, ist: Im großen Meer des Seins wird auch deine Seele in einem gewissen Moment am Strom des Lebens sitzen und eins mit ihm werden. Und während du dann deine ganz eigenen Melodien vernehmen wirst, wird sich das ekstatische Mysterium, welches das Leben ist, auch dir offenbaren.

Während Billy über den Strom des Lebens sprach, hörte ich zwar keine Melodien, doch ich hatte einen süßen Geschmack im Mund und fühlte Wellen der Lust durch meine Wirbelsäule wogen. Ich kostete diese Empfindungen aus, wusste aber zugleich auch, dass sie nicht von Dauer sein würden, und fragte Billy nach dem Geheimnis des Glücklichseins.

So wie der Strom des Lebens bei mir den Rausch verstärkte, kann die Lust auch deine Freude vergrößern. Die Menschen verwenden viel Zeit auf Dinge, die sie unglücklich machen – sie konzentrieren sich allzu sehr auf den Sand in der Auster. Um die Freude in dir zu kultivieren, solltest du darauf achten, was du magst.

28   Die Heilige Schrift

Ich begann, Billys Rezept fürs Glücklichsein auszuprobieren. Bei dem, was ich mochte, handelte es sich nicht unbedingt um große Sachen. Tief über meinen morgendlichen Oolongtee gebeugt, genoss ich die Wärme der Tasse. Als ich an einem Blumenladen vorbeikam, kaufte ich mir einen Strauß Callas. Beim Vorbereiten des Mittagessens hörte ich John Coltrane. Ich sang leise vor mich hin, wenn ich in der Schlange vor der Supermarktkasse wartete, und schaute in die Gesichter der Menschen, um herauszufinden, was an ihnen ich am schönsten fand.

Darauf zu achten, was ich mochte, wurde für mich zu einer spirituellen Übung. Der salzhaltige Wind auf meiner Haut. Das Kreischen der Seemöwen. Der Geschmack von Schokolade, französisches Parfum, scharlachrote Anemonen, das Schnurren meiner Katze. Es dauerte nicht lange, und ich war schon um einiges glücklicher. Meine Welt war voller Dinge, die mir Vergnügen bereiteten – nur dass ich vorher nie so darauf geachtet hatte.

Bald hatte mir Billy noch mehr über das Vergnügen mitzuteilen.

Ich erhalte gerade das größte Geschenk meiner bisherigen Reise. Meine Heilige Schrift. Diese Schrift hat aber nicht das Geringste mit der Art von Lektionen zu tun, die den Menschen auf der Erde eingetrichtert werden. Hier geht es nicht darum, wer wem was angetan hat und ob jemand »böse« oder »gut« war. Genauer gesagt, spielen Handlungen überhaupt keine Rolle.

Diese Schrift lässt mich die Ernte meines Lebens einfahren. Wir alle werden für das Leben, das wir geführt haben, belohnt. Ganz egal, wie es an der Oberfläche ausschaut, ist jedes menschliche Dasein auf eine Art und Weise wertvoll, die man sich zu Lebzeiten weder vorstellen noch ausmalen kann. Jedes einzelne Leben ist ein Geschenk. Wohlgemerkt: Ich spreche nicht von einer »Chance«, denn das würde bedeuten, dass man Erfolg haben oder auch scheitern kann. Doch es gibt etwas, was jenseits von Erfolg und Misserfolg liegt: die Schwingung.

Was Schwingung ist, lässt sich nur schwer in Worte fassen, denn es handelt sich um die Sprache der Musik. Auf einer heißen Spur sind die Physiker, die sich mit der String-Theorie befassen. Die Heilige Schrift eines Lebens ist ein symphonisches Strömen aus dem unsichtbaren Licht der paradiesischen Quelle, wenn du verstehst, was ich meine. [Lacht.]

Jeder Mensch ist ein Instrument des Göttlichen und komponiert auf der Erde seine kosmischen Symphonien. Teile dieser Musik sind wohlklingend, andere disharmonisch, manche fröhlich und peppig, andere getragen und melancholisch. Völlig wurscht. Im Jenseits geht jedes dieser Musikstücke in deine ganz persönliche Serenade ein. Alle deine Anstrengungen, deine gesamten Höhen und Tiefen werden einen mystischen Ton bilden, von dem du gar nicht wusstest, dass du ihn gesummt hast. Und dadurch, dass ich dir von den Erfahrungen erzähle, die ich in dieser Welt hier mache, kann ich dir vielleicht beim Hören deiner Musik behilflich sein.

Ich treffe Joseph in einer vielfarbigen Staubwolke, in der Sterne geboren werden. Astronomen, die den Himmel studieren, würden niemals vermuten, dass sie sich da die Orte anschauen, an denen sie dereinst selbst einmal wohnen werden. Und dafür brauchen sie nicht einmal irgendwelche Teleskope, Raumschiffe oder Instrumente. Das ergibt sich ganz von selbst.

Joseph und ich treiben gerade Seite an Seite durch den Sternenstaub, als Wellen farbigen Lichts von oben herabkommen. Und das, was als Nächstes geschieht, Annie, lässt sich zwar beim besten Willen nicht adäquat ausdrücken, aber ich werde mir trotzdem größte Mühe geben.

In dem Moment, in dem mich die Lichter berühren, verwandeln sie sich in Melodien. Und diese locken etwas hervor. Sie bringen Dinge in mir zum Vorschein, die tief in meinem Innersten geschlummert haben: Erinnerungen. Jetzt nicht Erinnerungen irdischer Natur, nein, die Musik weckt eine andere Art von Erinnerungen. Der ganze Lärm und das Rauschen der Welt sind weggefallen, sodass ich mich jetzt nur noch an die Seele dessen erinnere, was zu meinen Lebzeiten auf der Erde geschah.

Jetzt ist der Alltag das Wunder, ist das Gewöhnliche zum Extraordinären geworden, zum Beispiel das Aufwachen. Ich erlebe jetzt bewusst all die Veränderungen mit, die in mir vorgehen, während ich aus der Traum- in die Wachwelt übertrete. Vorher, glaube ich, habe ich die Herrlichkeit des Aufwachens, Einschlafens, Atmens, Lachens, Weinens, Singens, Tanzens oder Liebemachens nie richtig wahrgenommen.

Diese Erinnerungen haben die flüchtige Pracht, den süßen Nektar in sich, die jetzt das Geschenk des Göttlichen für meine Seele sind. Sie explodieren in mir mit dem planlosen Plan der Schöpfung, der Sehnsucht des Unsichtbaren, Frucht und

Nektar zu werden. In dieser Musik werde ich zur Essenz im Herzen der Glückseligkeit.

Im Zustand meiner eigenen irdischen Glückseligkeit schaffte ich es gerade mal zum Briefkasten. Darin lag ein Umschlag, auf den ich schon gewartet hatte. Nach über einem Jahr schickte mir die Versicherung des Autofahrers, der Billy überfahren und getötet hatte, zehntausend Dollar. Nachdem seine Schulden beglichen waren, würden mir noch ein paar Tausend davon bleiben. Ich könnte mir einen Ring kaufen, als Erinnerung an meinen Bruder. Doch Billy hatte andere Pläne. Als ich den Scheck aus dem Umschlag zog, flüsterte er mir zu: *Flieg nach Jamaika.*

Billy hatte dort einmal gelebt und die Insel sehr geliebt. Als ich an die Sonne und ans Baden im warmen blauen Wasser dachte, hatte ich die Idee: Ich konnte Billys Asche mit nach Jamaika nehmen und sie an seinem Lieblingsort verstreuen, den Dunn's River Falls, den Wasserfällen, an denen sich tagtäglich viele Menschen vergnügen. Der Ort war perfekt – von einer Kleinigkeit abgesehen.

Als ich vor fünfzehn Jahren zum ersten und einzigen Mal auf Jamaika war, hatte ich auch Dunn's River einen Besuch abgestattet. Ein Horrortrip! Nach einer grauenvollen Bootsfahrt, bei der der Motor den Geist aufgegeben und ich angesichts der Vorstellung, elend im Meer zu versinken, Todesängste ausgestanden hatte, war ich schließlich vollkommen erschöpft bei den Wasserfällen angekommen, so zittrig, dass ich mich kaum auf den Beinen halten konnte.

Ich hatte eine sanfte Kaskade erwartet, bei der sich das Wasser in einem klaren, von bunten Dschungelpflanzen umgebenen Becken sammelte. Stattdessen fand ich mich am Fuße eines mehr als hundertachtzig Meter hohen Monsterwasserfalls wieder, der über steile, zerklüftete, glitschige Felsen donnerte. Da ich nicht besonders sportlich bin, fand ich die Vorstellung, diese schroffen Felsen hochzuklettern, während das Wasser über sie dahinjagte, vollkommen abwegig. Also nahm ich die mickrige Holztreppe neben dem Wasserfall und sah, als ich endlich oben angekommen war, schnell zu, dass ich ein Taxi fand, das mich ins Hotel zurückbrachte.

Die Vorstellung aber, den Wasserfall zu erklimmen, um Billy richtig zu bestatten, war eine ganz andere Sache. Dafür konnte mir kein Hindernis groß genug sein. Ich würde den Wasserfall zu Ehren meines Bruders bezwingen und seine Asche auf dem Weg nach oben verstreuen.

29   Die Bestattung

Im März verließ ich die eisige graue Welt des Ostens von Long Island und flog nach Jamaika. Ich war kaum in Montego Bay gelandet, schon setzte der Billy-Effekt ein. Was das Reisen betrifft, waren mein Bruder und ich sehr unterschiedlich: er kontaktfreudig und warmherzig, ich eher distanziert. Nicht so bei dieser Reise. Kaum hatte ich den Fuß auf jamaikanischen Boden gesetzt, fühlte ich mich von allen geliebt, und das beruhte auf Gegenseitigkeit.

Im Hotelzimmer packte ich meinen Koffer aus und legte den roten Seidenbeutel, der immer noch Billys Asche enthielt, auf einer Kommode ab. Am vierten Tag meiner Reise weckte mich Billy in den frühen Morgenstunden.

Heute ist ein guter Tag für eine Bestattung. Ich segne dich, wie du es mit mir tust. Wenn du meine sterblichen Überreste in den Dunn's River Falls verstreust, schenkst du mir deine Liebe, umso mehr, als dein letzter Besuch hier ja nicht gerade optimal gelaufen ist. [Lacht.]

Und obwohl du weißt, wie schwer es wird, vielleicht sogar unmöglich, bist du doch fest entschlossen, meine Asche dort im Wasser zu verstreuen. Eines sollst du wissen, Annie: Wenn du meine sterblichen Überreste dem Wasserfall übergibst, werde ich es spüren. Ich werde die Liebe spüren, die hinter dieser Geste steckt.

Ich weiß, wie gern du dies tun möchtest. Aber ich will auch, dass du weißt: Wenn du es nicht schaffen solltest, den Wasserfall hochzuklettern, ist das auch in Ordnung. Ich wiederhole: Das Erklimmen des Wasserfalls ist nicht nötig. Kein Druck, verstanden?

Während meiner Bestattung heute wirst du ein Zeichen erhalten. Und danach eine Segnung. Das war's für den Moment.

Billy hatte mich in eine so ausgelassene Stimmung versetzt, dass ich ihn zum ersten Mal um etwas Bestimmtes bat. Es hatte damit zu tun, dass ich mir einen eigenen Führer engagieren wollte, der mich den Wasserfall hoch begleiten sollte.

»Könntest du nicht vielleicht dafür sorgen, dass es mit diesem Führer irgendetwas Besonderes auf sich hat? Eventuell könnte er ja – zu deinen Ehren – William heißen?«

Billy sagte nichts darauf. Ich fragte ihn dann, ob ich mein perlenbesetztes Silberarmband besser im Hotel lassen solle, damit ich es nicht verlieren konnte. Mein Meditationslehrer hatte es mir einst geschenkt, und ich nahm es sonst nie vom Handgelenk.

Billy meinte nur: *Wenn sich der Wasserfall dein Armband nimmt, ist das völlig in Ordnung.*

Ich steckte den roten Seidenbeutel in einen kleinen Rucksack und fuhr mit einem Taxi an den Dunn's River. Das Erste, was ich dort sah, war ein bestimmt achtzehn Meter hoher Banyanbaum. Tex hatte einmal eine Kurzgeschichte über einen Banyanbaum geschrieben, und ich war schon lange gespannt darauf, mal einen zu sehen.

»Das muss das Zeichen sein, von dem Billy gesprochen hat«, dachte ich bei mir.

Ich lieh mir spezielle Kletterschuhe aus Gummi aus, dann folgte ich den Hinweispfeilen zu der Hütte, in der sich die persönlichen Führer aufhielten. Zehn, zwölf Männer in roten T-Shirts saßen herum, aßen, rauchten, spielten Karten und warteten auf einen Job. Einer der Führer saß für sich allein in einer Ecke, den Blick in die Ferne gerichtet. Er wirkte niedergeschlagen. Die Chefin der Männer wendete sich an ihn und sagte etwas, was ich nicht hören konnte. Der Führer sah sie an, schüttelte den Kopf, wandte sich ab. In dem kurzen Moment, in dem ich sein Gesicht sah, erinnerte mich irgendetwas an Billy.

»Entschuldigen Sie. Könnten Sie wohl bitte kurz herkommen?«

Zögerlich entsprach der Mann meiner Bitte. Sein Name stand in schwarzen Druckbuchstaben vorn auf seinem T-Shirt. Willie – nicht viel anders als »William«. Und obwohl kein Zweifel daran bestehen konnte, dass der Mann lieber in Ruhe gelassen werden wollte, sagte ich zu ihm: »Willie, Sie sind der Richtige für mich. Ich weiß es genau.«

Ich zog ihn zur Seite. »Vor etwa einem Jahr ist mein Bruder gestorben, und ich möchte seine Asche heute beisetzen. Er liebte Jamaika und vor allem auch diesen Wasserfall. Deshalb möchte ich seine Asche darin verstreuen und ihm zu Ehren die Stufen der Kaskade hochklettern.«

Damit hatte ich das Interesse des Mannes geweckt.

»Solche Sachen kann ich überhaupt nicht, bin wahrscheinlich der schlechteste Kletterer, den Sie je hatten. Ich brauche deshalb jemand ganz Besonderen, der mir hilft, damit ich nicht ausrutsche und mir alle Knochen breche.«

Bei Willie ging eine Veränderung vor. »Keine Sorge, Honey«, sagte er, »ich werde Ihnen helfen.«

Man klettert den Wasserfall immer von ganz unten nach oben hoch. Also nahmen wir die Treppe, die an den Strand führte, wo sich die gigantische Kaskade in die Karibik ergoss.

Ich starrte auf das Wasser, das über die steilen Stufen schoss, und meinte zu Willie: »Ich krieg das nicht hin. Auf gar keinen Fall.«

Er nahm mich an der Hand und zog mich – viel zu schnell – in die tosenden Wassermassen. Und ob er mich an Billy erinnerte! An Billy in seinem ganzen Leichtsinn. Ich entzog Willie meine Hand, und als er mit dem Aufstieg begann, ging ich zu der Treppe neben dem Wasserfall, beobachtete ihn.

Sobald Willie das erste Becken erreicht hatte, hielt er inne und watete durch das Wasser auf mich zu.

»Na, kommen Sie, Honey. Kommen Sie rein. Lassen Sie uns die Asche hier verstreuen.«

Ich war entsetzt, griff aber trotzdem nach Willies Hand; eingedenk der Liebe zu meinem Bruder wagte ich mich in das Becken. Ich holte Billys Asche aus meinem Rucksack und verstreute sie in dem Wasser, das er so geliebt hatte. Dabei spürte ich, wie mit dem Sonnenschein Billy auf mich herabstrahlte. Ich musste weinen … und lächeln … und wieder weinen. Auch Willie verdrückte die eine oder andere Träne. Dann zog er mich zu einer Felsbank, auf der wir beide Platz nahmen und das Wasser an uns vorbeirauschen ließen. Ich fühlte mich geläutert. Endlich hatte ich Billy so bestattet, wie er es sich gewünscht hatte.

Wieder nahm Willie meine Hand, aber diesmal war es nicht die des wilden, unbekümmerten Billy, sondern die des Naturburschen Billy, der, trittfest und standsicher, leichtfüßig von Fels zu Fels springen und einem beim Klettern behilflich sein konnte.

»Dabei rutsche ich mit Sicherheit aus, Willie«, sagte ich, »und breche mir die Beine oder Schlimmeres. Den Kopf werde ich mir aufschlagen.«

»Das lasse ich nicht zu, Honey«, sagte Willie. »Versprochen.«

»Ich kann das nicht. Es geht einfach nicht.«

»Doch«, sagte er immer wieder. »Sie können.«

Also begann ich mit dem Aufstieg. Ich hatte schreckliche Angst. Doch mit Willies Hilfe gewann ich nach und nach an Selbstvertrauen. An den Stellen, an denen die Felsen besonders rutschig und steil waren, klammerte ich mich so fest an Willie, dass er sich kaum mehr bewegen konnte. Während des ganzen Weges nach oben war ich nur am Heulen und bedankte mich ständig bei ihm. Nach mehr als einer Stunde erreichten wir das letzte Becken hoch oben auf der Kaskade und ließen uns auf den Felsen nieder.

»Das ist ein sehr spiritueller Wasserfall«, verriet ich Willie. »Und der Aufstieg war auch sehr spirituell.«

»Ja, Honey, sehr spirituell.«

Zum Schluss unseres Abenteuers lag auf Willies anfangs so traurigem Gesicht ein Lächeln. Wir umarmten uns wie langjährige Freunde, und ich ging, um die Kletterschuhe wieder abzugeben.

Allmählich war es spät geworden. Nur im Schuhverleih hielten noch zwei Frauen die Stellung. Da ich meine ganze Freude und Aufregung nicht für mich behalten konnte, erzählte ich ihnen von Billy und seiner Liebe zu Jamaika, sagte, dass er eine Zeit lang hier gelebt hatte und dass die Dunn's River Falls immer sein liebster Ort auf der ganzen Welt waren. Ich sprach auch von seinem tödlichen Autounfall vor gut einem Jahr und davon, dass ich seine Asche im Wasserfall verstreut hatte. Dann meinte ich noch, dass ich Willie für den besten Kletterführer aller Zeiten hielt und dass ich den Aufstieg ohne ihn nie und nimmer geschafft hätte.

Nach kurzem Schweigen sagte eine der Frauen: »Willie hatte auch einen Bruder. Er ist ungefähr zur selben Zeit ums Leben gekommen wie Ihrer.«

»Wie?«, fragte ich.

»Im Wasserfall«, antwortete die Frau zögernd.

Ich gab die Kletterschuhe zurück, zog meine eigenen wieder an und rannte los, um Willie zu suchen.

»O mein Gott, Willie! Gerade habe ich das mit Ihrem Bruder erfahren! Aber warum haben Sie mir denn nichts davon gesagt? Wie ist es geschehen?«

»Ich wollte Ihnen Ihr Vorhaben nicht verderben. Ich hatte an dem Tag frei, und wir waren zu einem Picknick mit der ganzen Familie hier. Mein jüngerer Bruder ... er hatte viel zu viel getrunken. Ich unterhielt mich gerade mit meiner Frau, als ihr Gesicht plötzlich einen vollkommen bestürzten Ausdruck annahm. Also drehte ich den Kopf, und da sah ich meinen Bruder auf den Felsen. Er tänzelte und alberte darauf herum, führte sich auf, als hätte er den Verstand verloren. Was hat er sich bloß dabei gedacht ... so betrunken auf den Felsen herumzuturnen? Das Nächste, woran ich mich erinnere, ist, dass er ausrutschte und sich den Kopf aufschlug. Ganz in der Nähe des untersten Beckens, da, wo wir vorhin die Asche Ihres Bruders verstreut haben.«

So hatten wir an diesem Tag quasi zwei Menschen bestattet. Für Willie musste mein ständiges Flehen, mich bloß nicht ausrutschen zu lassen, die Hölle gewesen sein.

»Ich habe alles gesehen. Ich habe ihn sterben sehen«, sagte er. »Und es tut immer noch so schrecklich weh.«

Ich nahm mein Silberarmband vom Handgelenk und legte es Willie an. Dann führte ich ihn zu dem Banyanbaum. Wir nahmen unter ihm Platz, und ich erzählte Willie die ganze Geschichte von Billy. Auch, dass er seit seinem Tod zu mir sprach.

»Danke, Honey, vielen, vielen Dank«, sagte Willie. »In letzter Zeit fühle ich mich geradezu verfolgt vom Tod. Kurz vor meinem Bruder ist meine Schwester gestorben. Und mein Vater hat letzte Woche das Zeitliche gesegnet. Aber das heute war wie ein Wunder. Vielen Dank. Auch an Ihren Billy.«

Hand in Hand gingen Willie und ich durch den blumenbewachsenen Wald. Er sah jetzt zehn Jahre jünger aus als zu Beginn unserer Begegnung. Wie aus dem Nichts tauchten ein Flöten- und ein Gitarrenspieler auf, die sich uns anschlossen. Beinah im Tanzschritt gingen wir den Weg hinab.

»Auf Wiedersehen, Honey«, sagte Willie zum Abschied. »Ich werde Sie nie vergessen, Sie und Billy.«

Ich schaute ihm ein letztes Mal in die Augen, prägte mir sein Gesicht genau ein, drückte ihm ein Bündel Dollarnoten in die Hand und suchte mir ein Taxi.

Als ich wieder im Hotel angekommen war, ging ich geradewegs zum Strand. So weit mein Blick reichte, war das Meer mit winzigen lilafarbenen und weißen Blümchen übersät. Im Sand lagen keine Blüten, nur im Wasser – ein Phänomen, für das es keine vernünftige Erklärung gab. Als ich zwischen den Blütenblättern hindurchschwamm, hatte ich das Gefühl, durch Segnungen aus einer anderen Welt zu treiben. Immer wieder sah ich Willies glückliches Gesicht vor mir und wusste plötzlich mit großer Sicherheit, dass meine Erlebnisse mit Billy veröffentlicht werden mussten.

DRITTER TEIL

Von Seele zu Spirit

30 Der Tod der Erinnerungen

Als ich wieder in New York war, sagte Billy, ich solle seine Exfrau anrufen und ihr von meinem Jamaika-Trip berichten. Ich wollte das nicht, aber mein Bruder war beharrlich. Er sagte, seine Ex hätte etwas für mich.

Schließlich rief ich sie an, und wir führten ein angenehmes Gespräch. Wenige Tage später fand ich ein Foto in der Post. Es zeigte Billy, wie er lächelnd in den rauschenden Wassern der Dunn's River Falls stand.

Ich ließ das Bild rahmen und stellte es als Erinnerung an meine Erlebnisse an dem Wasserfall neben meinem Computer auf. Willies Veränderung war viel zu vollkommen, viel zu inspirierend gewesen, um Zufall zu sein. Seit den Ereignissen auf Jamaika wollte ich meine Erfahrungen mit Billy nicht länger verschweigen.

Er blieb eine Zeit lang verschwunden. Doch mittlerweile hatte ich mich schon an sein unberechenbares Kommen und Gehen gewöhnt und freute mich auf alles, was er als Nächstes vorhaben konnte. An einem schiefergrauen, regnerischen Morgen im Mai dann …

Ich bin noch da, spreche zu dir aus einer unermesslichen Entfernung. Ich bin immer noch hier, obwohl ich direkt im Anschluss an meine Bestattung auf Jamaika sozusagen eine zweite hatte. Denn ich wurde Zeuge des Sterbens meiner Erinnerungen.

Auf der Erde halten wir unsere Erinnerungen in Ehren, und das ist auch gut, ganz so, wie es sein soll. Aber hier, wo ich jetzt bin, musst du verstehen, besteht kein Wunsch, an irgendetwas festzuhalten, auch nicht an der Vergangenheit. Es war schon merkwürdig, mit welcher Hingabe Joseph und ich zugeschaut hatten, wie mein Leben an uns vorbeizog, nur um es am Ende einfach loszulassen. Dabei habe ich mich wohl von meinen Erinnerungen gelöst. Ich bin jetzt immer noch ich, nur ohne meine Erfahrungen. Und ich weiß, wovon ich spreche, wenn ich dir verrate, dass sich das unglaublich befreiend anfühlt.

Dass meine Erinnerungen nicht mehr da sind, heißt nicht, dass ich nichts mehr von meinem Leben auf der Erde wüsste, das wäre nicht wahr. Aber all das, was mir dort widerfahren ist ... meine Bindungen an dieses ganz spezielle Leben, das ich geführt habe, die sind gelöst worden – mit einer Ausnahme, und die bist du. Eine sehr große, ungewöhnliche »Ausnahme« allerdings, die wahrscheinlich unseres Buches wegen gemacht wird.

Wie meine Erinnerungen gestorben sind? Ich ließ mich gerade im Sternenstaub treiben und rechnete damit, von meiner Heiligen Schrift in die nächste Erinnerung geführt zu werden, als mit einem Mal von oben ein reinweißes Licht auf mich herunterkam. Sonst war das Licht immer vielfarbig gewesen. Und anders als sonst kam auch Joseph nicht hinzu, um sich die Lightshow mit mir gemeinsam anzuschauen. Beides Zeichen, dass etwas anderes im Gange war.

Als mich das weiße Licht berührte, wurde daraus eine ganz spezielle Erinnerung: die an Tausende kleiner weißer Lichter, die in meinen erschöpften 62-jährigen Körper eindrangen und ihn auch wieder verließen und meine Seele von meinem körperlichen Selbst ablösten. Solche Lichter hatte ich

zuvor schon einmal gesehen. In der Erinnerung an meine Geburt hatten sie die Seele an meinem Baby-Körper befestigt. Aber mein Sterben war bestimmt viel weniger beschwerlich.
[Lacht.]

In der Erinnerung an meinen Tod sah ich mich mit erhobenen Händen loslaufen, die Augen gen Himmel gerichtet. Mit einem Gebet auf den Lippen rannte ich auf das viel zu schnell fahrende Auto zu. Der Wagen erfasste mich, und ich empfand eine große Erleichterung, als ich einen ganz anderen Tod erlebte. Meine Heilige Schrift hatte sich erfüllt, und alle meine Erinnerungen explodierten wie eine Supernova.

Diese Explosion meiner Erinnerungen schleuderte mich durch den Weltraum, durch einen sternenlosen Himmel an enorm großen Gestalten vorbei, die mir irgendwelche Wesenheiten zu sein schienen. Da ich mich aber so schnell bewegte, kann ich nicht genauer sagen, worum es sich dabei handelte. Dann lotste mich die weiblich klingende Stimme, von der ich dir schon berichtet habe, wie ein Radargerät durch die Dunkelheit, weg von meiner Vergangenheit.

Es will schon was heißen, die Erinnerungen hinter sich zu lassen. Dass man alles verliert – die Erfahrungen, die Orte, die Menschen –, das ist es doch, weshalb wir so viel Angst vor dem Tod haben. Aber mach dir keine Gedanken. Wenn es so weit ist, wirst du mehr als bereit dafür sein. Würdest du dich in einem duftenden Garten voller üppiger Blumen und Pflanzen befinden und hättest in der Hand ein zerknittertes Schwarz-Weiß-Foto von einem Ort, an den du dich vage erinnerst, wäre es dann so schlimm, dieses Foto zu verlieren? Keine meiner Erinnerungen, nicht einmal die allerschönste, kommt auch nur im Entferntesten daran heran, wie es ist, sich der Quelle zu nähern. Und genau das geschieht. Meine Reise bringt mich der Göttlichen Präsenz näher.

In weiter Ferne sehe ich eine strahlende Lichtscheibe. Ich habe dieses Licht noch nie zuvor gesehen. Die Göttliche Präsenz scheint sich zu konzentriertem reinem Licht geballt zu haben. Während ich mich darauf zubewege, ruft es mich – es ruft aber nicht den, der ich auf Erden war. Es nennt mich beim Namen meiner Seele, der Seele, die ich schon war, bevor ich die Höheren Welten verlassen hatte, um mich auf die Erde zu begeben.

Zum ersten Mal kam Billys Stimme nicht von rechts oben, sondern fiel senkrecht auf mich nieder und drang durch etwas in meinen Kopf ein, was sich anfühlte wie ein Trichter. Durch diesen Trichter schien violettes Licht, das ein kleines Areal in meinem Hirn erhellte und mir das Gefühl gab, »überwach« zu sein.

Das alte indische System der Chakren beziehungsweise Energiezentren im Körper war mir zwar bekannt, ich hatte mich aber nie näher damit befasst. Jetzt ging ich ins Internet, um nach dem »Kronenchakra« zu suchen. Und wie sich herausstellte, gehörte zu den körperlichen Gegenstücken dieses Energiezentrums auch die Hypophyse, die rätselhafte Hauptdrüse im Gehirn, die viele andere Drüsen im Körper steuert. Vielleicht lag es an meiner Hypophyse, dass ich mich so vitalisiert fühlte.

Der Begriff »Kronenchakra« erbrachte darüber hinaus die Suchergebnisse violettes Licht, Seelenkommunikation, göttliche Inspiration, Zugang zu den höchsten spirituellen Einflüssen. Vielleicht würde Billy ja durch mein Kronenchakra mit mir sprechen, wenn er sich noch weiter von mir entfernte.

Andererseits: Würde er sich überhaupt noch an mich erinnern können, wenn er immer mehr von seinen Erinnerungen zurückließ?

31   Shvara Lohana

Als mein Kronenchakra zu erblühen begann, hatte ich das Gefühl, mich mit Billy zusammen auf das Licht zuzubewegen. Ich verliebte mich so ziemlich in alles – und die Sonne, der Himmel, das Meer, die Bäume, die Blumen, die Vögel, die Schmetterlinge und der Boden unter meinen Füßen, all das schien auch mich zu lieben. Wenn ich in der Stadt war, kamen mir Wildfremde plötzlich wie Freunde vor. Und obwohl sie das Licht nicht sehen konnten, fragte ich mich doch, ob sie sich nicht ebenfalls darauf zubewegten. Denn auch ihr Schicksal war die Wonne der Göttlichen Präsenz.

Als die Sonne eines schönen Maitages wie ein Topas am Himmel aufging ...

Guten Morgen, Schwester. Da bin ich wieder, dein Lokalreporter vor Ort aus einer neuen Dimension.

Zum ersten Mal seit meinem Tod stehe ich wieder auf festem Boden, einem Boden aber, wie ich ihn nie zuvor gesehen habe. Er ist phosphoreszierend und irgendwie uneben, wie ungeschliffene Diamanten. Denk an die Bilder von der Mondoberfläche. Hier, wo ich jetzt bin, ist die Landschaft ebenfalls nackt und felsig, mit Kratern und Hügeln, aber statt staubig ist sie durchsichtig und funkelt. Alles in dieser edelsteinartigen Welt sieht aus, als sei es aus kristallisiertem Licht, sogar der rosa Himmel.

Jetzt, genau in diesem Moment, da ich zu dir spreche, wird diese eindringliche Stimme immer lauter, und ein rosa Nebel kommt auf. Er duftet so stark, dass er mir die Sinne rauben würde, wenn man hier ohnmächtig werden könnte.

Urplötzlich stehe ich vor der schönsten Frau, die ich je gesehen habe. Wobei es das Wort »schön« nicht annähernd trifft. Sie muss einer anderen Spezies angehören oder ist vielleicht auch ein Höheres Wesen. Sie ist doppelt so groß wie ich, sehr schlank. Und was für ein umwerfendes Antlitz sie hat! Wie eine goldene Perle mit exotischen Gesichtszügen. Sie erinnert mich an die Göttinnen, die in Indien verehrt werden.

Ihre Füße, die mit Ringen und Kettchen geschmückt sind, berühren den Boden nicht. Ihr Kleid aus mit Rubinen abgesetzten, strahlend blauen Saphiren wirbelt hinter ihr her. Sie hat taillenlanges dickes schwarzes Haar, und ihr Kopf ist von goldenem Licht umgeben wie von einer Tiara. Hast du dir den Mond einmal angeschaut, wenn er ganz golden war? Das ist das Einzige dir womöglich Bekannte, womit ich ihr Leuchten vergleichen kann. Sie treibt umher, und ihre Hände vollführen dabei eine Art mystischen Tanz.

O Annie, ich war noch nie so verliebt!

Und ich empfinde große Demut. Mit meinem Totsein habe ich schon ziemlich angegeben, aber wenn dies hier sofort geschehen wäre ... nun, ich war noch nicht bereit dafür. Auf diese Form von Erhabenheit musste ich erst eingestimmt werden.

Sobald ich vor meiner Göttin stehe, verändert sich mein Erscheinungsbild. Ich werde größer und schmaler und sehe ihr insgesamt jetzt viel ähnlicher. »Meine« Göttin nenne ich sie übrigens, weil sie irgendwie zu mir zu gehören scheint.

Erstmalig bewegt meine Göttin jetzt ihre perfekten rubinroten Lippen. Die berauschende flötenartige Stimme, die ich schon die ganze Zeit gehört habe, ist die ihre. Singend teilt sie mir ihren Namen mit: Shvara. Ich werde von ihm erfüllt wie von einem mysteriösen Parfum, nach dem ich schon ewig suche.

Shvaras Lächeln ist wunderschön und von großer Kraft. Gäbe es ein derartiges Lächeln auf Erden, wären alle Kriege sofort beendet, und die Menschen würden alles stehen und liegen lassen, um den Hunger auf der Welt abzustellen. So unglaublich gut ist dieses Lächeln. Bis zu diesem Augenblick hätte ich ihm wohl kaum standhalten können.

Dann schmettert mir meine Göttin ihren vollen Namen entgegen: Shvara Lohana.

Ob ich wirklich demselben Stamm angehöre wie diese überwältigende Göttin? Ich versuche mich zurückzuhalten, muss sie aber dennoch fragen: »Heißt das, dass ich jetzt immer mit dir zusammen sein werde?«

Ihr Lächeln ist einfach umwerfend. »In dieser Dimension ist für immer länger, als du dir vorstellen kannst.«

Zugegeben, das hörte sich nicht gerade ermutigend an. Aber direkt nein hat sie ja auch nicht gesagt, oder?

Billy hatte diesmal tatsächlich durch mein Kronenchakra gesprochen, und dessen Blätter waren dabei zu einer opulenten Blüte aufgegangen. Als Shvaras Schönheit in meine Seele eindrang, begann mein Herz so schnell zu schlagen, dass ich schon fast fürchtete, es könnte zerspringen. Doch nein, stattdessen schmolz es dahin wie eine brennende Kerze und erfüllte mich mit Gnade.

Ich schaute im Internet nach, um herauszufinden, ob der Name »Shvara« irgendeine Bedeutung hat. Und tatsächlich: Es handelt sich dabei um die Kurzform von Ishvara, einem Wort aus dem Sanskrit, der heiligen Sprache des alten Indiens.

Wie faszinierend! Billy hatte Shvara also nicht von ungefähr mit einer indischen Göttin verglichen.

Noch größer wurde meine Freude jedoch, als ich erfuhr, dass Shvara in der hinduistischen Tradition »höchster Gott« bedeutet. Und dass es sich in weiblicher Gestalt um keine Geringere handelt als die Allerhöchste Göttin.

War Shvara Lohana tatsächlich ein göttliches Wesen oder nur eine Vision von Billy? War sie seine persönliche Göttin oder Gott schlechthin? Ist Gott in Wahrheit eine Göttin?

32   Die Parade der Seelen

Am nächsten Morgen. Die Vögel singen, und die Frühlingsluft duftet süß ...

Shvara Lohana dreht sich um, und an der Stelle, zu der sie schaut, entsteht ein von Dunst umgebenes Gebäude. Ob sie es mit ihrem Blick erschaffen hat? Jedenfalls glaube ich nicht, dass es vorher schon da war. Ich bin ganz aufgeregt, denn seit meinem Tod habe ich keine Häuser mehr gesehen. Der Dunst legt sich, und ich erkenne, dass das Gebäude von strahlend weißer Farbe und mit imposanten Säulen im Stile der alten griechischen oder römischen Architektur versehen ist. Es ist von unermesslichen Ausmaßen und nicht aus festem Material. Vielmehr kräuselt es sich leicht. Vor dem weißen Gebäude bildet sich eine Brücke, über die wir vermutlich gehen werden.

Dies alles ist bewundernswert, umso mehr, als ich über die Maßen verliebt bin. Ganz sicher bin ich mir nicht, weil ich ja keine Erinnerungen mehr habe, aber mir ist so, als hätte ich zu Lebzeiten viele Frauen geliebt. Mit Bestimmtheit kann ich aber sagen: Das, was ich für Shvara empfinde, ist etwas ganz anderes. Wäre ich hier mit Jesus oder Buddha oder sonst einem Höheren Wesen zusammen, würde ich ihm sicher ebenfalls viel Liebe entgegenbringen, aber wer auch immer Shvara Lohana für mich ausgesucht hat, wollte es mir wohl besonders leicht machen.

Unter exotischen Tanzbewegungen ihrer Hände schwebt meine Göttin die Brücke empor. Hingebungsvoll folge ich ihr. Während sie vorwärtsgleitet, faszinieren mich ihre unglaublich graziösen Füße. Ich könnte Ewigkeiten damit verbringen, sie einfach nur zu bestaunen. Sie sind nicht bloß wunderschön, sondern auch gütig und intelligent, genau wie alles andere an ihr.

Lächelnd wendet sich Shvara zu mir um. Ich bin so froh, hier zu sein, mich von meinem ganzen Tun auf der Erde ausruhen und meiner Göttin zu dem weißen Gebäude folgen zu können. Im Näherkommen bemerke ich, dass unendlich viele Brücken zu ihm führen. Und zum ersten Mal, seit ich im Jenseits bin, sehe ich Menschen wie mich. Jeder von ihnen hat eine eigene Brücke, über die er auf das weiße Gebäude zugeht. Menschen wie früher sind wir nicht mehr, wir sind Seelen. Und jede Seele ähnelt ihrem Stammesführer, der vor ihr herschwebt.

Während die Seelen ihre Brücken überqueren, nicken wir uns im Vorübergehen zu, aber wenn die anderen auch nur annähernd so empfinden wie ich, haben wir alle nur Augen für unseren jeweiligen Anführer. Ich gebe mir Mühe, dir alles so genau wie möglich zu beschreiben. Dass ich über diese Ereignisse hier Bericht erstatten kann, ist äußerst ungewöhnlich, also behandle diese Informationen mit aller Ehrfurcht. Ob wir sie in unser Buch werden aufnehmen dürfen, lasse ich dich zu einem späteren Zeitpunkt wissen.

Die Seelenführer sind Wesenheiten, wie es sie auf Erden nicht gibt, und jeder ist etwas ganz Außergewöhnliches. Gemeinsam ist ihnen das goldene Licht um den Kopf. Manche sind große Krieger mit Schildern und Schwertern und übermächtigen Körpern. Andere wirken eher einfach und bescheiden – abgesehen von einer enormen Aura wie aus Edelstein, die zehnmal größer ist als sie selbst. Wieder andere erinnern an Gelehrte; sie haben Pergamentrollen bei sich, die sich entrollen und hinter ihnen herflattern. Einer der Stammesführer hat orange fluoreszierendes Haar und reitet auf einem riesigen roten Löwen. Vielleicht aber ist er zum Teil auch der Löwe. Das kann ich nicht genau sagen. Bei einem anderen scheint es sich um eine Mischung aus Mensch, Delfin und Sonne zu handeln.

Einige der Stammesführerinnen würde ich, genau wie auch Shvara, als umwerfende Göttinnen beschreiben. Ich habe großes Glück gehabt, dass meine so ist, wie sie ist. Aber ich glaube, dass sich hier alle so glücklich schätzen, als hätte es jeder perfekt getroffen.

Das ganze Spektakel wird von rhythmischen Tönen und wilder Feierstimmung begleitet. Ganz so, als sollten wir genau jetzt genau hier sein und hätten uns schon seit Ewigkeiten auf diesen Auftritt vorbereitet.

In der ganzen Zeit, die wir meine Brücke überqueren, summt Shvara Lohana vor sich hin. Ich bin verliebt in sie, wie ich nie zuvor verliebt war. Wenn du nur hören könntest, was meine Göttin singt:

Wir sind der Traum des Universums
Wir sind die Laune der Unendlichkeit
Der Atem und der Atmende
Der Feind und der Freund
Sollte es eine Illusion sein
So verbeuge ich mich vor ihr
Ava lo ki tesh shvara
Ava lo Tara
Ava lo ki tesh shvara
Ava lo Tara

Shvaras Gesang erfüllt mich mit etwas, was ich in aller Unzulänglichkeit als Mitgefühl bezeichnen möchte. Ich empfinde große Zärtlichkeit für die Parade der Seelen, die auf das weiße Gebäude zugehen. Jede hat ihre eigene Geschichte, ihre eigenen Kämpfe, ihren ganz eigenen Weg, die sie hierhergeführt haben.

Wie edel die Reisen der Menschen doch sind, vom Göttlichen in den Staub und wieder zurück. Wie tapfer es ist, sich in einen Körper zu begeben und den Tanz des Lebens zu tanzen, nur um im Moment des Todes alles zu verlieren, was man einmal für wahr gehalten hatte.

Wir nähern uns dem Scheitelpunkt der Brücke, und mein Bewusstsein ist von kristalliner Klarheit. Ich bin bereit, weiß aber nicht, wofür.

Als Billy leise begann, den Text von Shvara Lohanas Lied mitzusingen, war ich wie verzaubert. Ich dachte, er entstamme irgendeiner himmlischen Sprache und mein Bruder würde mir die Worte nachher übersetzen. Als das Lied aber verklungen war, bat mich Billy, noch einmal ins Internet zu gehen.

Dabei stellte sich heraus, dass es sich bei dem Liedtext um »richtiges« Sanskrit handelte. Diesmal ging es um die Namen zweier Bodhisattvas, erleuchteter Wesen, die es sich zur Aufgabe gemacht haben, der Menschheit behilflich zu sein. Avalokiteshvara ist der Bodhisattva des Mitgefühls und Tara seine Gefährtin. Tara entsprang einer der Tränen, die Avalokiteshvara aus Mitgefühl mit dem Leiden der Menschen vergossen hatte. Nachdem Shvaras Lied verklungen war, schien auch Billy voller Mitgefühl zu sein.

Als ich Guru Guy gegenüber die beiden Namen erwähnte, erzählte er mir mehr über das handbemalte Rollbild, das er mir aus Tibet mitgebracht hatte und das seit drei Jahren neben meinem Bett an der Wand hing. Bei der perlmuttartigen vierarmigen Gestalt, die im Lotossitz auf einem Regenbogen roséfarbener Lotosblüten als Thron saß und eine goldene Krone trug, handelte es sich um Avalokiteshvara.

»Aber du hast doch gesagt, er heiße Chenrezig«, wendete ich ein.

»Genau. Chenrezig ist der tibetische Name für Avalokiteshvara.«

33   Der Torbogen

Der Juni hatte schon alles in seine bunten Farben getaucht, als sich das Fenster zu Billys Welt ein weiteres Mal öffnete.

Shvara und ich haben den höchsten Punkt der Brücke erreicht. Die anderen sehe ich jetzt nicht mehr, sie sind andere Wege gegangen. Wir stehen vor einem in die steinerne Außenwand des weißen Gebäudes eingelassenen Torbogen. Von den wogenden Steinen geht ein perlmuttartiges Schimmern aus. Sie sind so verwittert, als seien sie alt wie die Zeit. Und vielleicht sind sie das auch. Die Mauern des Gebäudes selbst sind so hoch, dass ich das Dach nicht sehen kann, der Torbogen aber ist schmal und nicht viel höher als Shvara Lohana. Doch meine Aufmerksamkeit gilt weder der Farbe der Steine noch dem Torbogen, sondern den Weisheitsformeln der Lohanas, die in die Steine gemeißelt sind.

Meine Göttin führt mich zu der schimmernden Wand. Sie hält ihre zarten Hände in einer Entfernung von wenigen Zentimetern vor das Gestein und fordert mich auf, es ihr gleichzutun. So nah bin ich Shvara noch nie gewesen, doch zu meiner Überraschung erfüllt es mich mit Wissen statt mit Begierde. Während sich meine persönlichen Weisheitsformeln der Wand einprägen, rieselt Staub in den Torbogen. Vier Gleichungen und mein Name sind es, die sich in die Wand meißeln. Was für ein Moment! Und obwohl ich nicht sagen könnte, wie meine Formeln an die Wand gekommen sein mochten, verstehe ich ihren Inhalt.

Meine Göttin half mir bei den Weisheitsformeln, die ich zu Lebzeiten geschrieben habe. Sie gestattete mir, auf die Erde zu gehen und dann hierher zurückzukommen. Wie Kinder ziehen wir los, um unsere Abenteuer in der Welt zu erleben. Das ist ein Privileg und alle Mühsal wert. Wisse aber, dass das Reich der Güte, in das ich zurückgekehrt bin, alle irdischen Träume weit in den Schatten stellt.

Der Staub unter dem Torbogen legt sich, und Shvara lässt mir eine Segnung zukommen. »Hotep! Hotep!« Im Bereich meines dritten Auges, der Stirnmitte, empfinde ich eine so mystische Zufriedenheit, dass es keine Worte dafür gibt. Ich kann nicht anders, als Shvara meinerseits ein »Hotep!« zuzurufen.

Jetzt höre ich sie – die Stimmen meines Stammes, Tausende von vertrauten, verzückten Stimmen aus dem Inneren des Torbogens. Sie singen und lobpreisen mich. Die Ehrung gilt meiner Seele, die die Reise in die irdischen Gefilde auf sich genommen hat und nun wieder nach Hause gekommen ist. Erinnerungen dämmern in mir auf, vergessene Erinnerungen an meine Seelenfamilie, und locken mich in den Torbogen. Das Lied zieht mich in den Durchgang, und sobald ich ihn betreten habe, blendet mich das Licht im Torbogen so, dass ich mein Sehvermögen verliere. Das Einzige, was für mich jetzt noch existiert, ist der Chor dieser mystischen Stimmen. Ich kann niemanden sehen, höre nur den freudvollen Willkommensgesang meines Stammes, wie bei der Achten von Mahler.

Wie bitte? Mahlers Achte? Welchen Hinweis wollte mir Billy damit nun wieder geben? Hatte Gustav Mahler überhaupt eine achte Symphonie geschrieben? Und wenn ja, was hatte sie mit dem Gesang von Billys Seelenstamm zu tun?

Mein Puls raste, als ich im Internet nach Antworten suchte. Schließlich stieß ich auf einen YouTube-Clip mit dem Schluss von Mahlers Achter Symphonie, dem »Chorus Mysticus«. Ich klickte ihn an.

Aus Hunderten himmlischer Stimmen erklang wunderbare, lichtvolle Musik. Ich schaue noch einmal in meinen Aufzeichnungen nach. *Das Einzige, was für mich jetzt noch existiert, ist der Chor dieser mystischen Stimmen. Ich kann niemanden sehen, höre nur den freudvollen Willkommensgesang meines Stammes, wie bei der Achten von Mahler,* hatte Billy gesagt.

Ich ging auf die Terrasse und lauschte dem »Chorus Mysticus« wieder und wieder. Und mit der Musik schienen auch die wunderschönen Stimmen aus Billys Welt durchs Kronenchakra in mich einzudringen. Während sich die beiden Chöre in meinem Inneren vermischten, driftete ich in mystische Gefilde irgendwo zwischen Billys Welt und meiner ab.

Dass mich mein Bruder an Mahlers Achte Symphonie herangeführt hatte, war das kosmische Crescendo unserer Kommunikation, die höchste Manifestation seiner Welt in der meinigen.

Nachdem ich mich etwa eine halbe Stunde lang in dieser Herrlichkeit gesuhlt hatte, begann ich auf den Text des »Chorus Mysticus« zu achten, mit dem das Video unterlegt war:

Alles Vergängliche
Ist nur ein Gleichnis;
Das Unzulängliche,
Hier wird's Ereignis;

Das Unbeschreibliche,
Hier ist's getan;
Das ewig Weibliche
Zieht uns hinan.

Wie konnte das sein? Der Text passte genauso gut zu Billys Geschichte wie die Musik!

Wie ich erfuhr, wird Mahlers »Chorus Mysticus« angestimmt, das große Finale seiner Achten Symphonie, sobald Faust im Himmel willkommen geheißen wird. Obwohl er seinen Kampf mit dem Teufel letztlich verloren und obwohl er sich auf seiner Reise weit von dem entfernt hatte, was man im Allgemeinen unter einem spirituellen Leben versteht, war es schließlich diesem Kampf zu verdanken, dass die Engel seine Seele in den Himmel tragen konnten.

Ich spürte Billy lächeln. Mein Bruder hatte mich auf diese Geschichte aufmerksam gemacht, um meine größte Frage im Hinblick darauf zu beantworten, was mit ihm geschah. Wie konnte er im Jenseits einen so erhabenen Ort erreichen, obwohl sein Leben am Ende doch voller Düsternis und Verzweiflung gewesen war? Genau wie Faust hatte auch er den Kampf gegen einen machtvollen Dämon verloren – seine Sucht. Und jetzt ließ mich Billy wissen, dass es gut war, diesen Kampf geführt zu haben; denn es war ein göttlicher Kampf.

34   Die goldene Lotos-Höhle

Von Mahlers Achter weiterhin in erhabene Stimmung versetzt, blätterte ich ein paar Tage später noch einmal in Billys letzten Notizen. »Hotep«? Was war damit bloß gemeint?

Erneut hatte mir Billy ein Wort übermittelt, das ich nie gehört hatte, das aber von historischer Bedeutung war. Wie sich herausstellte, ist »Hotep« *(htp)* das erste Wort in der altägyptischen Opferformel, einem Segen, der den Toten im Jenseits zuteilwird und die Seele auf den himmlischen Nektar der Götter vorbereitet.

Es war Vollmond, und ich konnte nicht schlafen, also trat ich auf die Terrasse, wo mich Billy schon erwartete.

Als die Stimmen meines Stammes verklungen waren und ich mein Sehvermögen zurückgewann, wurde ich zu meiner Überraschung nicht in das weiße Gebäude geführt, sondern stand vor einem Feld mit roten und purpurnen Rosen. Aber ich sage dir, Annie: Solche Rosen hast du noch nie gesehen. Ihre neonfarbenen Blüten sind zehnmal größer als die der Rosen, die ihr auf der Erde kennt, und so lebendig, dass man ihnen beinah beim Wachsen zusehen kann.

Zum ersten Mal, seit ich ihr begegnet bin, ist Shvara Lohana nicht bei mir. Aber das ist nicht weiter schlimm, denn ich kann sie über das Rosenfeld hinweg singen hören. Die Blumen, aber auch ich werden von einer Art Tau benetzt. Wir baden geradezu im mystischen Parfum meiner Göttin. Die Rosen sehen aus, als würden sie tanzen, denn sie scheinen ihre Blütenblätter noch weiter zu öffnen, wie um den Duft von ihr aufzusaugen. Ich lasse mich von Shvaras Stimme durch die glitzernden Blumen führen, was wahrscheinlich ebenfalls aussieht wie ein Tanz.

Vor mir bemerke ich einen goldenen Lichtdom. Beim Näherkommen erkenne ich, dass es sich um eine Höhle handelt. In ihrem goldglänzenden Eingang, hinter dem meine Göttin auf mich wartet, sind Bilder von Blüten zu sehen.

Shvara schwebt über einem Kranz goldener Lotosknospen, die aus einem stillen Teich herausragen. Ihrem weiblichen Wesen entsprechend, hat sich die Liebe meines ewigen Lebens umgezogen. Jetzt trägt sie ein goldenes Gewand, das die Umrisse ihrer Figur ahnen lässt. Weder an ihre schiere Anwesenheit noch an ihre Schönheit werde ich mich je gewöhnen können. Durch ihre halb geschlossenen Lider wirkt ihr Blick verträumt und verführerisch. Wenn ich es nicht besser wüsste, würde ich sagen, sie flirtet mit mir.

Im Inneren der Höhle berauscht mich Shvaras heiliges Parfum so, dass ich mich hinlegen muss. Wie ich von Nahem erkenne, ist kein Wasser in dem Teich, sondern milchiger Nektar.

Shvara Lohanas Augen sind weit geöffnet, als sie zu einem heiligen Tanz ansetzt. Sie dreht sich langsam um sich selbst, und sobald sie mir das Gesicht wieder zuwendet, bemerke ich, dass sie eine violette Flamme in der Hand hält. Sie wiegt sich genüsslich in den Hüften, und Funken stieben, während das Feuer von ihrer einen in die andere Hand gleitet. Jede von Shvaras Bewegungen befriedigt in mir ein Verlangen, dessen Existenz mir bislang nicht bewusst war. Solange meine Göttin tanzt, bleibt kein Vergnügen des Universums für mich unerkannt und unerfüllt.

Shvara beugt sich herab und bedenkt jede der Lotosknospen mit einem kleinen Sprechgesang. Eine nach der anderen öffnen sich acht goldene Blüten. Im Herzen von ihnen sind Flammen in verschiedenen Rot- und Purpurtönen. Die Flammen meiner vorherigen Leben.

Auf der Erde sind die Menschen ja immer neugierig auf ihre früheren Leben. Sie wollen wissen, wer sie waren, welche Berufe und Partner sie hatten. Mir aber genügt es völlig, zu sehen, dass die Flammen meiner Leben die goldenen Blütenblätter ihrer Lotosblumen erleuchten.

Shvara begibt sich fliegend ins Zentrum des Kreises aus Blumen. Sie berührt das milchige Wasser im Teich mit ihrem rubinroten Mund und sang dabei:

Je größer der Lotos
Desto tiefer der Schlamm
Je größer der Lotos
Desto tiefer der Schlamm

Aus dem Teich erhebt sich plötzlich eine einzige Knospe, größer als die anderen. Ich bin überrascht, denn die Knospe ist voller Schlamm. Und etwas Schmutziges habe ich hier bislang noch nie gesehen. Im goldenen Licht der Höhle beginnt die schlammbedeckte Knospe zu beben und zu erblühen. Als Shvara die violette Flamme meines letzten Lebens in die Blüte fließen lässt, verflüchtigt sich der Modder darüber. Die Blütenblätter aller Lotospflanzen beginnen sich zu bewegen wie die Flügel superschneller Kolibris. Sie wirbeln herum, kollidieren miteinander und werden zu Blitzen reiner Energie, während die goldenen Blumen meiner bisherigen Leben davonstieben. Ich bin Zeuge einer Zeremonie, die den Zyklus meiner Wiedergeburt beendet.

Aus dem Rauch der Explosion erhebt sich Shvara, prachtvoll wie immer. Sie reicht mir einen Becher, der mit dem milchigen Nektar des Teiches gefüllt ist. Der Geschmack des Trunkes ist so ungewohnt, dass ich ihn kaum herunterbekomme. Zwar süß, aber auch überraschend scharf. Dieses Elixier könnte man nicht schlucken, wenn man nicht bereit dafür wäre. Ich bin es zwar noch nicht ganz, trinke aber trotzdem.

Als die Rauchwolke die Decke der Höhle erreicht hat, verwandelt sie sich in einen goldenen Drachen mit feurigen Augen. Obwohl er sehr wild wirkt, habe ich keine Angst vor ihm, denn ich spüre seine Ergebenheit. So wie Shvara meine Göttin ist, ist er mein Drache.

In allen meinen vielen Leben hat mir mein Drache gedient. Dabei nahm dieser Beschützer ganz verschiedene Gestalt an: Er war mir ein geliebtes Haustier, kam als unerwarteter Glücksfall, in Form der Freundlichkeit eines Wildfremden, als Zufallsbegegnung, die mir eine neue Chance eröffnete, als Freund, der in der Not für mich da war. Alles Erscheinungsformen der Ergebenheit meines Drachen.

Ich empfinde eine so tiefe Dankbarkeit, dass ich etwas tun möchte, um ihm Respekt zu erweisen. Also gieße ich den Nektar in meine Hand und strecke sie ihm entgegen. Während mein Drache trinkt, werde ich von einer großen Sehnsucht erfasst. Dies ist ein Moment, den ich gern festgehalten hätte.

Mein treuer Drache senkt den Kopf, legt seine Stirn an die meine und bricht in einem wilden, selbstlosen Akt des Mutes die Höhle auf, um sie mit ganzer Kraft zu zerstören. Dann zieht er ab wie aufsteigender Rauch.

Ich stehe jetzt vor der großen Leere des Absoluten. Bin bereit, ins Nichts einzutreten.

Doch bevor ich gehe, möchte ich dir eines noch sagen:

Das Leben ist ein mysteriöser göttlicher Impuls, der ausgekostet und dann losgelassen werden soll. Und obwohl ich weiß, dass alles in deinem Leben dafür da ist, dass es sich verändert, wünsche ich mir doch, dass die Süße des himmlischen Elixiers, das wir beide geteilt haben, immer auf deinen Lippen bleiben möge.

Ich habe Gestalt angenommen, um in die Zeit einzutreten. Und in die Zeit eingetreten bin ich, um Teil der Schöpfung zu sein. Mein Ziel ist nicht länger die Erde. Deshalb trete ich jetzt in das große Nichts jenseits der Zeit ein.

Shvara nimmt mich bei der Hand, und gemeinsam steigen wir durch tiefe Dunkelheit empor. Dann lässt meine Göttin von mir ab, und ich werde ins Nichts geschleudert. Ich gehe über die Schöpfung hinaus – vor der Manifestation –, trete aus der Zeit heraus. Ich begebe mich in eine Welt des Nichtexistenten – kein Licht, kein Ton, kein Sein. Ich habe von dem Elixier gekostet und empfinde keine Angst mehr.

In diesem dunklen Übergang entferne ich mich von der irdischen Welt sowie von allen Ebenen des Jenseits, die ich durchreist habe. Ich gehe von irgendwo nach irgendwo anders und werde nie zurückkehren.

Ich werde das Alles im Nichts.

Der Regentropfen kehrt ins Meer zurück, aber da ist kein Meer, sondern das Nichts. Sei nicht traurig darüber, denn genau wie ich das Nichts bin, bin ich auch ein Alles: Ich bin das Universum, das Licht, bin Lohana, eine Seele, ein König, ich bin ein Drogensüchtiger, ein Heiliger und ein Bettler.

Ich bin das Allsein im Nichts, das Nichts im Allsein. Das eben ist das Göttliche – alles und nichts.

Ich wurde viele Male geboren, um viele Male zu sterben, und obwohl ich nicht zurückkehren werde, bin ich doch wieder da, denn ich bin alles, was je war und je sein wird. Ich bin das Leiden, die Gnade, ich bin die Wahrheit, bin das Spiel, der Spieler, die Kulisse, der Regisseur und das Publikum. Und so, wie der Schatten nie das Licht sein kann, kann auch die Geschichte, die ich zu erzählen habe, nie die Höchste Wahrheit sein. Doch vielleicht hinterlassen diese Seiten ja einen flüchtigen Vorgeschmack auf das Elixier der Ewigkeit.

Als Billy sagte, er gehe *von irgendwo nach irgendwo anders* und werde *nie zurückkehren*, wurde mir klar, dass er sich damit von mir verabschiedet hatte.

Und als ich bei Sonnenaufgang an der Bucht spazieren ging, spürte ich meinen Bruder überall – in der sanften Frühlingsbrise, den blühenden Bäumen, dem blaugrauen Wasser. Doch obwohl mich sein Spirit umgab, war irgendetwas anders geworden. Ich flüsterte seinen Namen, erhielt aber keine Antwort. Ich hatte keinen Zugang mehr zu ihm.

Ich fürchtete mich. Billy war ein so großer Teil meines Lebens geworden. Er war mein Lehrer gewesen, das Licht auf meinem Weg. Ihn sprechen, witzeln, mir brüderliche Ratschläge erteilen zu hören, war für mich vollkommen normal geworden. Dann, plötzlich, hörte ich aus weiter Ferne seine Stimme: ... *Ich werde dich nie verlassen.*

Ich setzte mich ins Auto und fuhr ans Meer, in der Hoffnung, dass mich seine Weite trösten und meinem Bruder näherbringen würde. Als ich auf die hohen Wellen schaute, hörte ich noch einmal Billys Stimme: ... *Ich werde dich nie verlassen* ... Und dann war er fort.

Es gab so vieles, worüber ich noch mit ihm sprechen, so vieles, was ich noch von ihm erfahren wollte. Ich bemühte mich, die Süße des Elixiers auf den Lippen zu schmecken, wie Billy mir empfohlen hatte, aber es gelang mir nicht. Ich hatte noch nicht genug.

35   Die Brüder des weißen Lichts

Der Sommer kam mir farblos und langweilig vor. Ich versuchte, an diesem Buch zu schreiben, war aber viel zu traurig dafür. Ich wollte Billy zurückhaben. Die Leute, die um meinen Bruder wussten, hatten Respekt vor meinem Vorhaben. Aber für mich war das Buch lange nicht so wichtig wie die Beziehung zu Billy. Und jetzt war er für immer fort ... eins mit der Leere des Nichtseins.

Dann kam der Herbst. Billy hatte oft von der Heilkraft der Natur gesprochen. Also machte ich lange Waldspaziergänge, ging oft schwimmen und badete des Nachts im Mond- und Sternenlicht, um meine Einsamkeit zu lindern. Dann nahm ich eines Tages die Aufzeichnungen von Billy wieder zur Hand. Wie hatte ich nur traurig sein können? Mein Bruder lebte doch – in diesem Buch. Und richtig fort wird er nie sein, weil er jetzt Teil von allem ist, was ist, mich eingeschlossen.

Als die Bäume Ende November ihr buntes Laub abwarfen, sah ich eines Morgens kurz vor Sonnenaufgang oberhalb von mir einen dicken weißen Lichtstrahl.

Guten Morgen. Billys Stimme klang jetzt ganz anders, viel tiefer. Und obwohl ich wusste, dass er weiter von mir entfernt war als je zuvor, konnte ich ihn gut verstehen.

In das Nichts fiel ein unvorstellbar weißer Lichtstrudel und zog mich ins Sein zurück. Wie ein Embryo im Mutterschoß wurde ich wieder zu der Seele, die ich in all meinen vielen Leben gewesen war.

Der Lichtstrahl schleuderte meine körperlose Seele aus dem Nichts heraus in eine Gegend, in der das Licht so dicht ist, dass es wie Schnee herabfällt. Durch dieses schneeige Licht, das das makellose Wesen des Absoluten offenbart, bewegte ich mich dahin, bis ich im gegenwärtigen Augenblick angekommen war.

In der Ferne sehe ich schneebedeckte Berge. Auf den weißen Felsen mache ich verschattete Gestalten aus, weiße Gestalten. Sie sehen aus, als fiele ihnen Schnee vom Kopf auf die Füße. Genau erkennen kann ich sie nicht. Ihre Gesichter und Konturen sind wie ein verschwommener weißer Sturm. Nur ihre wogenden Ärmel und die Hände sind deutlich zu erkennen. Sie sind lang und grazil, und aus den Fingern schießen Strahlen heraus.

Obwohl ich nicht glaube, sie schon einmal gesehen zu haben, erkenne ich die Gestalten. Diese schneigen Schatten sind Höchste Spirits, die ich »Brüder des weißen Lichts« nennen werde. Aber es sind auch weibliche Gestalten dabei. Und obwohl diese Hohen Wesen nicht den Lohn für eine irdische Existenz ernten müssen, haben sich einige von ihnen dafür entschieden, auf die Erde zu gehen, um den Menschen mitzuteilen, dass die Höchste Wirklichkeit freundlicher, schöner und staunenswerter ist. Mahatma Gandhi und Martin Luther King gehörten auch der Bruderschaft an. Die meisten Brüder des weißen Lichts waren nie auf der Erde, aber sie durchsetzen und beschützen eure Welt mit ihrem absoluten Licht. Wenn du dich auf das weiße Licht konzentrierst, wie du es mit meiner Stimme tust, wirst du es spüren, da bin ich mir ganz sicher.

Diese Höchsten Wesen haben etwas Unpersönliches an sich, aber das ist nicht negativ, sondern sogar ein großes Plus.

Reinheit. So habe ich mir früher immer die Nähe zu Gott vorgestellt. Weißt du, die Brüder sind keine Seelen, sondern reiner Geist. Genau wie unsere Körper die Träger unserer Seelen sind, sind unsere Seelen die Träger unseres Geistes.

Und in dieser gleißenden Weiße, der Weiße des Absoluten, im höchsten aller Himmel, werde ich jetzt gleich meine Seele ablegen.

Das ist kein bisschen beängstigend. Stell dir vor, du hättest einen Raumanzug an wie eine Astronautin, den fantastischsten, herrlichsten Raumanzug mit höchstem Komfort und allen Schikanen, und du erlebst darin die irrsten Abenteuer und bekommst Dinge zu sehen, die du dir nie hättest träumen lassen. Und trotzdem ist es nach einiger Zeit eine große Erleichterung, den Raumanzug auch wieder ablegen zu können.

Die Strahlen aus den Händen einiger der Brüder verbinden sich mit meinen Fingerspitzen. Ich werde eins mit ihrem Licht, aber du musst wissen ... sie sind glücklicherweise nicht wie ich. Sondern so viel mehr als ich. Durch sie werde ich zum ersten Impuls der Göttlichen Quelle: Geist. Von einer reinen Seele werde ich zu reinem Geist. Und als solcher verlasse ich das Erdsystem mitsamt all seiner Himmel und begebe mich in ein anderes Universum. Ich habe meine irdische Verkleidung abgestreift, mein Leben, mein Drama, meine Musik. Lasse alles hinter mir, auch meine Seele.

Auf dem Weg in dieses andere Universum flackere ich wie ein Lichtstrahl ins Unbekannte, wie eine Flamme des reinen Geistes, mal mit Bewusstsein, mal ohne, seiend oder nicht seiend, und bitte dich nur um eines: Spiel diese Rolle um meinetwillen. Sei die Scheherazade meiner postumen Existenz, hör weiter auf meine Stimme und vergiss nie, nie, nie, wie sehr ich dich liebe.

Dank

Ein herzlicher Dank geht an meine Freunde Steve Wander, Caroline Fierro, Brian Keane, Laura Stein, Bobbi Shapiro, Jessica Gormley, Anna Kiersnowska, Eve Eliot, Cathy Gandell, Ruth Washton, Sophie LaPaire und Pamela Millman.

Dank auch an meine Buchengel: Dr. Raymond Moody, Mirabai Starr, Elise D'Haene, Katharine Sands, Hal Zina Bennett, Howard Kaplan, Stacey Donovan, Michele D'Ermo, Teresa Kennedy, Ashley Womble, Jillen Lowe und Sallie Randolph. Mein Dank gilt Deena Feinberg, Justin Smith sowie William Zauscher. Segenswünsche an Barbara, Danielle und Samantha von Poppy Bill sowie den Rest der Crew, Mems, Rocco, JimBob, Leslie und Steven.

Dafür, dass sie mich auf dieser Odyssee begleitet haben, geht mein besonderer Dank an Michele Tempesta, Ann Patty, Claire Gerus, Jill Mangino, Tex, Stephen Gorad, meinen Verleger Jan Johnson und das Team von RWW sowie an den Cherry Boy, je t'adore.

All meine Liebe gilt meiner Familie: meiner Mutter Florence, die mit ihrer dunklen Schönheit und ihrer gottgleichen Kraft wie eine Löwin in meinem Herzen wohnt; meinem Vater Irving, meinem gut aussehenden, charmanten Rhett Butler, der mich immer anschaute, als wäre ich das größte Wunder der Welt; und Billy, meinem Engelchen-Bengelchen-Buddha-Bruder.

Über die Autorin

Mit vierzehn begann Annie Kagan, Songs zu schreiben. Mit fünfzehn wurde sie von einem Produzenten bei Columbia Records unter Vertrag genommen. Mit sechzehn trat sie in New York in Cafés und Clubs auf. Nach zehn Jahren als Sängerin und Songwriterin ging Annie ans College zurück und schloss mit Auszeichnung ab. Als Chiropraktikerin unterhielt sie eine Privatpraxis in der Upper East Side Manhattans.

Fasziniert von den spirituellen Traditionen Asiens lernte Annie Yoga und wandte sich intensiv der Meditation zu. Schließlich hörte sie auf ihre innere Stimme, hängte ihren Beruf an den Nagel und gab das hektische Stadtleben auf, um in einem an der Bucht gelegenen Häuschen an der Spitze Long Islands zur Ruhe zu kommen. Sie begann wieder Songs zu schreiben und arbeitete mit dem international renommierten Produzenten Brian Keane zusammen. Dessen hohe Wertschätzung ihrer Texte brachte Annie dazu, einen Schreibkurs zu besuchen. Sie schrieb gerade an ihrem ersten Roman, als ihr Bruder Billy unerwartet verstarb und begann, aus dem Jenseits zu ihr zu sprechen.

Kontakt: annie@anniekagan.com